L'ONCLE TOM

DRAME EN CINQ ACTES ET NEUF TABLEAUX,

PAR

MM. EDMOND TEXIER et L. DE WAILLY

REPRÉSENTÉ POUR LA PREMIÈRE FOIS, A PARIS, SUR LE THÉÂTRE DE LA GAITÉ LE 23 JANVIER 1853.

Distribution de la pièce.

	MM.		Mmes
...père noble.	Deshayes.	UN MÉDECIN. M. Pepin.	
...T-CLAIR, jeune 1er rôle.	Lacressonnière.	ÉLISA, 1er rôle.	Lacressonnière.
...TUCKI, 1er rôle.	Surville.	Mme SHELBY, 2e 1er rôle.	Boudeville.
...RGES, jeune 1er.	Gouget.	ÉVANGELINE, ingénue.	Dinah-Félix.
...KER, 3e rôle.	Emmanuel.	TOPSY.	Cabot.
...PHE, 2e comique.	Francisque jne.	JEANNE, soubrette.	Clara.
...LEY.	Clément Just.	RACHEL HOLLIDAY.	Devaux.
...KS.	Galabert.	MARIE.	Lacrange.
...SON.	Alexandre.	CHLOÉ.	Jeault.
...LBY.	Julian.		

ACTE I.

PREMIER TABLEAU.

La maison du Planteur.

...théâtre représente une salle à manger. — Une table, côté gauche, côté
...it. — Premier plan, une toilette, deux portes latérales, pan coupé,
...rte au fond, deux chaises au fond.

SCÈNE PREMIÈRE.

SHELBY, HALLEY, assis à une table et buvant.

...ons, topez là, et l'affaire est faite.

HALLEY.

...vérité, il m'est impossible d'accepter vos propositions.
...dollars, un esclave ! Ce serait une folie, et je n'en fais ja-
...(Il avale un verre d'eau-de-vie. — Après avoir placé son verre
entre ses yeux et la lumi...
vient de France ?

SHELBY.

Remarquez, Halley, que Tom est un sujet rare. Je ne connais
pas un blanc d'une probité plus scrupuleuse, d'une piété plus
sincère.

HALLEY.

Allons, votre Tom est un abrégé de toutes les vertus, relié en
maroquin noir.

SHELBY.

Je parle sérieusement, M. Halley ; simple comme un enfant,
bon au delà de toute expression, ce pauvre homme, sans éducation, a été transformé par la foi : il est devenu comme un
apôtre parmi ses compagnons. Dans leurs petites réunions du
dimanche, si vous saviez avec quel respect ils écoutent ses naï-
ves leçons !

HALLEY.

Peste ! vous vantez bien votre marchandise !... Quel enthou-
siasme ! ne dirait-on pas que votre Tom, ou, pour mieux dire,
votre oncle Tom est un saint !

Voilà une fine bouteille, elle vous

SHELBY.

Si nous l'appelons ainsi, c'est que Tom n'est pas pour nous un serviteur ordinaire ; vous savez bien que c'est l'usage, dans cette partie de l'Amérique où nous sommes, de donner l'appellation d'oncle à ceux de nos vieux esclaves qui, par leurs longs et dévoués services, ont mérité d'être, en quelque sorte, incorporés à la famille.

HALLEY.

Parbleu ! au lieu d'user là toutes vos fleurs de rhétorique, que ne me faites-vous faire connaissance avec cette merveille... Où est l'oncle Tom ?

SHELBY.

En voyage, pour le moment.

HALLEY.

En voyage !... seul ?

SHELBY.

Seul ! Je l'ai envoyé à Cincinnati pour toucher, en mon nom, une somme assez ronde, ma foi, car je réunis toutes mes ressources.

HALLEY.

Vous avez fait cela ! Je connais les nègres... ce sont les plus incorrigibles voleurs... Tenez donc votre argent pour perdu ; par conséquent, mon cher M. Shelby, notre marché est rompu, votre oncle Tom ne reviendra pas. (*Il se lève.*)

SHELBY.

Oh ! Tom reviendra, j'en suis sûr, moi.

TOM, *qui est entré sur ces derniers mots.*

Tom est revenu, maître.

SCÈNE II.

LES PRÉCÉDENTS, TOM, *en tenue de voyage.*

SHELBY, *se retournant et le voyant.*

Eh ! parbleu ! le voici !... (*A Halley.*) Que vous disais-je ? (*A Tom.*) Eh bien ! mon ami, avez-vous fait bon voyage ?

TOM.

Merci, maître, j'ai beaucoup marché, mais, grâce à Dieu, les jambes sont toujours solides.

HALLEY, *à part.*

Le fait est qu'il paraît vigoureux.

SHELBY.

Vous deviez recevoir pour moi, là-bas, cinq cents dollars ! Voyons cela.

HALLEY, *à Tom, pendant que Shelby compte son argent.*

Ah çà ! vous gardez donc fidèlement l'argent qu'on vous confie, vous ?

TOM, *étonné.*

Oui, Monsieur.

HALLEY.

Et vous revenez l'apporter à votre maître ?

TOM.

Oui, Monsieur. Est-ce que vous n'en feriez pas autant ?

HALLEY.

Moi ! Je suis un blanc, mon cher !

TOM.

Sauf le respect que je vous dois, Monsieur, je crois que le bon Dieu a fait la probité de la même couleur.

SCÈNE III.

LES MÊMES, LE PETIT HENRI.

(*Il entre à cheval sur un bâton. En apercevant Tom, il court à lui.*)

HENRI.

Père Tom ! Tiens, père Tom est arrivé !

TOM.

Henri, mon cher enfant !... (*Il l'embrasse.*)

HALLEY, *à Shelby.*

Le charmant petit garçon ! C'est le fils du vieux ?

SHELBY.

Son petit-fils.

HALLEY, *à mi-voix.*

Ce petit me conviendrait...

HENRI.

Ah ! voilà maman. (*Il court. — Elisa, qui est entrée doucement, dévore des yeux son fils.*)

SCÈNE IV.

LES PRÉCÉDENTS, ELISA.

SHELBY, *à Elisa.*

Que voulez-vous, Elisa ?

ELISA.

Je cherchais Henri, Monsieur. (*Prenant les mains de Tom, et baisant à l'épaule.*) Bonjour, père. Dieu t'a gardé.

TOM.

Oui, ma fille.

HALLEY, *à part, regardant Elisa.*

Voilà, ma foi, une belle créature.

SHELBY, *à Elisa.*

Emmenez l'enfant. (*A Tom.*) Vous, Tom, portez ces comptes dans mon cabinet, et ensuite allez vous reposer jusqu'à demain dans votre case ; je vous le permets.

TOM.

Merci, maître.

ELISA, *bas à Tom.*

Père, ne pars pas sans prendre Henri avec toi.

TOM, *bas.*

Pourquoi cela ?

ELISA, *bas.*

Je ne sais pas, j'ai peur ! (*Elle sort par le fond avec Henri. — Tom sort par la droite avec les papiers de son maître.*)

SCÈNE V.

HALLEY, SHELBY.

HALLEY.

Pardieu ! voilà des sujets magnifiques ! L'enfant est un bijou et la mère est une perle ; c'est un trésor qu'une pareille femme, je m'en accommoderais mieux que du vieux Tom ; cédez-la moi.

SHELBY.

Elle n'est pas à vendre, M. Halley ; ma femme ne la donnerait pas pour son pesant d'or.

HALLEY.

En ce cas, laissez-moi l'enfant avec votre Tom, et je vous rends votre premier billet. — Vous ne direz plus que je suis inexorable.

SHELBY, *après avoir réfléchi.*

Contentez-vous de Tom. — Il m'en coûte assez déjà de vendre un homme qui m'a rendu tant de services.

HALLEY, *sèchement.*

Une dernière fois, voulez-vous, oui ou non ?

SHELBY.

Je vous cède Tom seulement.

HALLEY.

Tom et Henri ?... non... Eh bien, adieu... c'est vous qui l'aurez voulu. (*Il fait le mouvement de sortir.*)

SHELBY.

Un moment... Et votre café ? le déjeuner n'est pas complet. Prenez du café...

HALLEY, *à part.*

Il hésite... (*Haut.*) Va pour le café.

(*Shelby entr'ouvre une porte, et paraît donner un ordre.*)

SCÈNE VI.

LES MÊMES, TOPSY, *un plateau à la main.*

TOPSY, *courant et gesticulant comme un singe.*

Le café !... le café !... hi ! hi ! hi ! le café ! (*Elle le sert avec agilité.*)

HALLEY.

Qu'est-ce encore que cette figure-là... et pourquoi nous rit-elle sottement au nez ?...

SHELBY.

C'est Topsy !...

TOPSY.

Topsy !... oui... hi ! hi ! hi !

HALLEY.

Topsy... attendez donc... (*Il cherche dans ses souvenirs.*)

SHELBY, *en se penchant vers lui.*

Une petite idiote ! sa mère est morte victime d'une abominable méchanceté de son maître... et...

HALLEY.

J'y suis ; ce maître c'était Locker, mon ex-associé ; c'est lui qui, dans un moment de colère, a tué la pauvre esclave, l'enfant n'a pu résister à ce spectacle... la tête a déménagé. Ah ! c'est elle... (*A Topsy.*) Quel âge as-tu ?...

TOPSY.

...ne sais pas...

HALLEY.

...omment, tu ne sais pas !... Te souviens-tu de ta mère ?...

SHELBY.

...ue faites-vous ?

HALLEY.

...ah ! des êtres comme ça...

...sy, *dans un moment de tristesse, puis revenant à sa nature.* ...a mère !... je n'en ai jamais eu... (*Elle prend une tasse, celle* ...*. Shelby, dans laquelle il est resté quelques gouttes de café ; boit.*) Don café !!! (*Elle vide le contenu du petit verre.*) Eau-...io bonne aussi... hi ! hi ! hi ! (*Elle sort en sautant.*)

SCÈNE VII.

HALLEY, SHELBY.

HALLEY, *prenant son manteau, et se disposant à sortir.*

...ourquoi diable avez-vous acheté cette petite malheureuse ?

SHELBY.

...ar charité.

HALLEY.

...nez : j'ajoute 400 dollars ; avec ça vous êtes libéré ou à ...près envers moi..., ce qui est une grosse affaire pour ...

SHELBY.

...t vous demandez en échange ?

HALLEY.

...e vieux, l'enfant et Topsy.

SHELBY.

...opsy !...

HALLEY.

...i mon idée. (*A part.*) Je ferai enrager Locker quand je le ...ouvrai.

SHELBY.

...y consens. (*Il sonne.*) Pas un mot à ma femme surtout, je ...s en prie.

HALLEY.

...e craignez rien.

SHELBY, *Elisa paraît.*

...sa, vous direz à madame qu'elle aille sans moi faire sa vi-...à nos voisins ; je la rejoindrai.

ÉLISA.

...i, Monsieur.

SHELBY, *en sortant, à Halley.*

...us m'avez saisi par de rudes tenailles, l'honneur et la ...ssité. (*Il sortent par la droite.*)

SCÈNE VIII.

ÉLISA, *seule et encore triste.*

...n père a emmené l'enfant ! je suis moins inquiète... Mais ...veut cet homme ?... Ils disent que c'est un marchand d'es-...es... je le saurai.

SCÈNE IX.

ELISA, MADAME SHELBY.

MADAME SHELBY, *venant du fond.*

...isa, où donc est M. Shelby ?

ÉLISA, *tristement.*

...ec cet étranger, Madame.

MADAME SHELBY.

...ilà un entretien qui se prolonge, nous devions sortir en-...ble.

ÉLISA, *plus tristement.*

...onsieur m'... ...ée de vous dire qu'il irait vous rejoindre.

MADAME SHELBY.

...'avez-vous donc, Elisa, vous paraissez d'une tristesse...

ÉLISA.

...! Madame, Madame ! (*Elle se laisse tomber sur une chaise.*)

MADAME SHELBY.

...'est-ce qui vous tourmente ?

ÉLISA.

...! si maîtresse savait... (*Elle pleure.*)

MADAME SHELBY.

...urquoi pleurez-vous ?

ÉLISA, *pleurant.*

...dit que cet étranger, qui cause avec mon maître, est un ...hand d'esclaves... et tantôt maître a fait venir mon petit Henri... et ici même il le montrait au marchand... et le marchand examinait mon cher petit... Oh ! Madame !... croyez-vous maître capable de vendre mon enfant ?

MADAME SHELBY.

Vendre Henri... plutôt vendre tout ce que je possède......

ÉLISA, *avec douceur.*

Oh ! pardon, bonne maîtresse, c'est que j'en mourrais, voyez-vous.

MADAME SHELBY.

Vous êtes folle, d'avoir pu, un seul instant, penser que M. Shelby... Allons, apportez-moi ma mante, je veux faire ma visite sur-le-champ. (*A part.*) Et voir mon mari. (*Elisa va prendre la mante dans la chambre de madame Shelby, et revient.*) Cette pauvre Elisa est vraiment étrange... Après tout, c'est une mère, et une mère esclave, cela se comprend.

ÉLISA.

Voici, Madame.

MADAME SHELBY, *mettant sa mante.*

Bien, — et ne pleurez plus. Si vous voyez Georges, votre mari, n'allez pas lui parler de tout cela, il vous croirait peut-être et ferait quelque imprudence, et vous savez que Georges a un maître dur et sévère.

ÉLISA.

Oh ! oui — bien sévère.

MADAME SHELBY.

N'oubliez point Elisa, que vous, au contraire, vous avez ici, non pas des maîtres mais des amis. (*Elisa lui prend la main et la baise avec attendrissement. Madame Shelby sort par le fond.*)

SCÈNE X.

ELISA, *seule.*

C'est vrai, c'est bien loin de douter de si bons maîtres ? Élevée, instruite par eux, m'ai jamais vu s'affaiblir leur attachement... Je pouvais croire, oh ! c'était mal... oui, c'était bien mal. (*Pendant ces dernières paroles, Georges est arrivé mystérieusement par la porte du fond.*)

SCÈNE XI.

ELISA, GEORGES.

GEORGES.

Elisa !

ÉLISA.

Georges !

GEORGES.

Ma femme ! — mon amour.

ÉLISA, *l'embrassant.*

Toi ! toi ici ! — oh ! quel bonheur ! — Tiens, vois-tu... j'avais du chagrin, mais te voilà, et j'oublie tout ; mais toi pourquoi ne souries-tu pas ? Ah ! je devine, tu cherches Henri. (*Avec embarras.*) Il n'est pas ici, mais tu le verras ! oui, tu verras comme il grandit. Madame dit que c'est le plus bel enfant du pays. — Mais tu ne me dis rien, parle donc ! c'est à ton tour de parler, et de me dire : Ma petite femme, je t'aime ! je t'aime !

GEORGES, *avec amertume.*

Oui, je t'aime ! et c'est pour cela que je voudrais que tu ne m'eusses jamais connu.

ÉLISA.

...on Dieu, tu arrives après une longue absence, et ta première parole me met la mort dans le cœur. Georges ! n'avons-nous pas été heureux jusqu'à présent ?

GEORGES.

Heureux ! oui, Elisa ; et nous pourrions l'être encore. (*Avec force.*) Oui, nous pourrions l'être, si ces bras m'appartenaient, si cette tête qui pense et qui crée n'était pas la propriété d'un autre.

ÉLISA.

Mon bon Georges, aie du courage : aie de la patience.

GEORGES.

N'en ai-je pas eu ? — J'avais été loué à un planteur. J'étudiais et, en observant, je m'instruisais tous les jours, j'apportai le plan d'une machine que tout le monde trouvait admirable. (*Avec orgueil.*) Oui, une machine inventée par moi ! inventée ! créée ! mots sublimes et divins qui rapprochent l'homme de Dieu, le créateur de toutes choses !... Eh bien ! en apprenant cette nouvelle, qu'a fait M. Harris ? Au lieu de m'encourager, de me fêter, de m'applaudir, il s'est senti humilié devant son esclave plus intelligent que lui, il m'a arraché à mon travail ordinaire, il m'a donné la tâche la plus pénible, la plus avilissante. Prières, démarches, augmentation du prix de ma location, tout a été offert par le planteur, pour me garder auprès de lui; tout a été inutile, et tu veux que je m'humilie, tu veux que je courbe le front! Oh! non, je le redresserai, et je lèverai fièrement ma tête vers le ciel, où est notre maître à tous!

ELISA.

Chacune de tes paroles me brise le cœur, mais, Georges! Dieu est notre maître là-haut : ici-bas, cet homme est le tien.

GEORGES.

Tu ignores ce qui s'est passé, écoute. Je chargeais des pierres sur une charrette. Le fils de M. Harris était là, et faisait claquer son fouet de manière à effrayer mon cheval. Je le priai doucement de cesser, il ne tint pas compte de mes paroles. J'insistai et il se mit à me frapper. Je lui pris la main; alors son père, qui avait tout vu, se jette sur moi, m'attache à un arbre, coupe des branches et les donne au jeune maître en l'excitant à me battre jusqu'à ce qu'il tombe de fatigue.

ELISA embrassant Georges.

Pauvre ami!

GEORGES.

Ecoute encore. Tu sais bien le petit Carlo, ce chien que tu m'as donné, c'était toute ma consolation, il dormait avec moi la nuit, il me suivait le jour et semblait comprendre toutes mes souffrances. Eh bien, avant-hier, comme je partageais mon morceau de pain avec cette pauvre bête, mon maître est venu me dire qu'il n'avait pas le moyen de permettre à chaque nègre d'avoir un chien et il m'a ordonné de lui mettre une pierre au cou et de le jeter à l'eau.

ELISA.

Oh! tu n'as pas fait cela, n'est-ce pas?

GEORGES.

Il l'a fait, lui, il a assommé le pauvre chien, et mon Carlo me regardait d'un air douloureux, comme pour me reprocher de ne pas le défendre.

ELISA.

Pauvre Carlo!...

GEORGES.

Puis on m'a puni, parce que je n'avais pas voulu noyer Carlo moi-même.

ELISA.

Oh!

GEORGES.

Voici maintenant la dernière barbarie. Celle-là, oh! celle-là, — je t'en fais juge. — Hier, maître m'a dit qu'il me défendait de venir ici, parce qu'il déteste M. Shelby; il m'a ordonné de prendre une de ses esclaves pour femme et de m'établir avec elle dans une cabane.

ELISA.

Une femme!... à toi! — mais nous avons été mariés par le ministre!

GEORGES.

Est-ce qu'un esclave peut se marier? Est-ce qu'il s'appartient? Est-ce qu'il peut se donner à une femme?

ELISA.

Toi! toi!! à une autre!!!

GEORGES.

Jamais.

ELISA.

Que veux-tu faire?

GEORGES.

Je vais partir pour le Canada, là l'homme est libre, quelle que soit sa couleur. Dans ce pays les Africains ne sont pas foulés aux pieds comme dans cette partie de l'Amérique si fière de sa liberté, et où la liberté n'est qu'un vain mot. Je travaillerai, je deviendrai riche et je vous rachèterai. Tu as un bon maître qui ne refusera pas de te vendre à ton mari.

ELISA.

Georges! si tu étais pris!

GEORGES.

Mon plan est arrêté : dans quelques minutes je serai loin d'ici, et demain j'aurai mis l'Ohio entre moi et mes ennemis.

ELISA.

Mon Dieu! le fleuve est parcouru par les chasseurs d'hommes, tu ne pourras leur échapper.

GEORGES.

Ils ne m'auront pas vivant, — sur ce grand fleuve de l'Ohio j'aurai pour moi les rapides.

ELISA.

Les rapides!

GEORGES.

Quand une barque est entrée dans ces terribles courants, aucune force humaine ne pourrait l'arrêter, aucune embarcation ne pourrait l'atteindre.

ELISA.

Oui, père Tom nous a souvent expliqué cela; mais presque toujours ces rapides vous entraînent vers des rochers où tout se brise, ou bien encore vers une de ces chutes terribles où tout s'abîme et disparaît.

GEORGES.

Gagner à tout prix la terre libre, — voilà ce que je veux. — Ma chère bien-aimée, je ne pouvais partir sans t'avoir vue, sans t'avoir embrassée; — ne laisse paraître ni trouble, ni inquiétude, on soupçonnerait quelque chose, et j'ai besoin de tout un jour d'avance sur mes persécuteurs.

ELISA.

Oh! comme je vais trembler pour toi, mon Georges!! (Ils s'embrassent.)

GEORGES.

Adieu! (Georges fait quelques pas, puis il revient près d'Elisa.) Embrasse bien notre fils. — Pensez tous deux à Georges, qui loin de vous ne vivra que pour vous. (Il l'embrasse et sort par le fond.)

SCÈNE XII.

ELISA seule, se mettant à genoux.

Oh! mon Dieu! veillez sur Georges! secourez-le, Seigneur, vous qui ne distinguez pas entre vos fils blancs et vos fils noirs! et exaucez la prière d'une mère et de son enfant. (Elle se relève.) Ah! M. et madame Shelby! — Ils viennent ici, oh! faisons ce que m'a dit Georges, cachons à tout le monde mon inquiétude et mes larmes. (Elle entre à gauche.)

SCÈNE XIII.

M. et MADAME SHELBY, ELISA, cachée.

MADAME SHELBY.

Mais enfin quel était cet homme? cet Halley, comme vous l'appelez?... Est-ce un marchand de nègres?... Allons ne me cachez rien!!!

SHELBY, embarrassé, à part.

Nous y voilà, il faudra lui dire la vérité tôt ou tard. Ainsi... (Haut.) Ecoutez, Emilie, nos affaires sont dans un tel état que j'ai été forcé de...

MADAME SHELBY.

Vous l'avouez! c'était donc vrai!... Et qui... qui vendez-vous?

SHELBY, embarrassé.

Je suis convenu de... de... de Tom.

MADAME SHELBY.

Tom!... lui! — lui, qui a été élevé dans l'habitation, et dont le dévouement ne s'est jamais démenti! Mais vous lui aviez promis sa liberté! et nous lui en avons parlé plus de cent fois. Après cela je puis tout croire. — Oui, je puis croire que vous êtes capable de vendre aussi le fils unique de la pauvre Elisa.

(Elisa paraît par la porte du pan coupé de gauche.)

SHELBY.

Ma foi! puisqu'il faut tout vous dire, c'est la vérité. Je suis convenu de vendre Tom et Henri, et je ne vois pas pourquoi je serais considéré comme un monstre pour avoir fait ce qu'on voit faire tous les jours à tout le monde.

MADAME SHELBY.

Quoi! Henri est vendu?

(Ici Elisa disparaît, pâle et tremblante, par la porte du pan coupé d gauche.)

SHELBY.

Oui, et même j'ai donné Topsy.

MADAME SHELBY.

Mais pourquoi avoir précisément choisi Tom et Henri?

SHELBY.

Parce qu'ils valaient davantage. Voilà tout.

MADAME SHELBY.

Ah! ce marchand! ce misérable! Ecoutez, consentez à un sacrifice d'argent, et j'en supporterai ma part. Vous le savez je me suis toujours efforcée de remplir mes devoirs de chrétienne envers ces pauvres gens; j'ai veillé sur eux; j'ai pris part à leurs joies et leurs douleurs, comment oserais-je me représenter au milieu d'eux, si, pour un misérable gain, nous abandonnons le pauvre Tom, si nous le séparons violemment de ceux auxquels nous avons appris à l'aimer! Grâce à moi mes esclaves connaissent les devoirs de la famille; comment leur avouer qu'il n'est point de relations, de devoirs, de liens sacrés pour nous quand il s'agit d'argent? J'ai dirigé l'éducation du petit Henri, et vous allez le livrer, à cet homme, pour l'argent ! J'ai dit à Elisa que l'âme était plus précieuse que tous les trésors du monde, et nous allons perdre ces deux âmes pour de l'argent !

SHELBY.

Je comprends votre peine... mais le contrat est signé, le mal est sans remède, il faut en prendre son parti. — Pour ne pas assister au départ de Tom et de Henri, pour ne pas entendre les cris d'Elisa... je vais sortir... j'ai fait atteler. — Je ne reparaîtrai que demain, venez avec moi.

MADAME SHELBY.

Non, je ne veux pas me rendre complice de votre barbarie. J'irai trouver le pauvre Tom, il verra je souffre de sa souffrance et que je pleure de ses larmes ? Quant à Elisa, je n'ose y songer. — Que le Seigneur nous pardonne... (*Elle sort vers le fond avec Shelby.*)

SCÈNE XIV.

ELISA, *paraissant.*

Vendu ! ils ont vendu mon fils ! mon pauvre petit enfant ! Ah ! mon Dieu ! mon Dieu ! ils l'ont vendu ! (*Elle tombe à genoux et sanglote, puis se relevant avec rage.*) Oh ! je le sauverai ! je le sauverai !! (*Elle sort vivement par le bord.*)

(*Changement à vue. — Nuit à la rampe pour le changement.*)

DEUXIÈME TABLEAU.

La case de l'oncle Tom.

Porte au fond, à droite, une fenêtre. — A gauche, premier plan, un buffet. — Deuxième plan, à droite, une porte. — Premier plan, à droite, un grand fauteuil, une lampe allumée sur le buffet. — Après le changement à vue tous les esclaves entrent de droite une lanterne à la main.

SCÈNE PREMIÈRE.

TOM, CHLOÉ, NÈGRES ET NÉGRESSES.

TOM, *aux esclaves, en les congédiant.*

Mes amis, j'arrive après un long voyage, vous le savez ; je suis fatigué, puis il se fait tard : allons, rentrez tranquillement dans vos cases... et bonne nuit...

TOUS.

Bonne nuit, oncle Tom, bonne nuit ! (*Ils sortent par le fond.*)

SCÈNE II.

TOM, ADOLPHE, JEUNE NÈGRE FASHIONABLE.

ADOLPHE, *entrant à gauche.*

Tiens, tiens, la réunion est déjà finie...

TOM.

Ah ! c'est toi, Adolphe, tu viens trop tard.

ADOLPHE.

Trop tard pour la lecture... mais... pour le souper...

TOM, *à Chloé.*

Ma bonne Chloé, mettez, je vous prie, le couvert d'Elisa, j'ai le pressentiment qu'elle viendra ce soir. (*A part.*) Elle m'expliquera ses terreurs de tantôt.

ADOLPHE, *à part.*

Oh ! oh ! ça sent bon ici. (*A Tom.*) Cette chère Chloé, en voilà une fine cuisinière.

TOM.

Chloé, il te flatte, pour goûter à ton pudding...

CHLOÉ.

Puisque vous ne l'invitez pas... c'est comme s'il chantait.

ADOLPHE.

M'inviter, allons donc ! Est-ce que l'oncle Tom a besoin de faire des cérémonies avec moi. Oh ! mon Dieu ! j'accepte sans façon... et je... (*Il s'assied à table.*)

TOM.

Écoute, mon garçon, j'attends ma fille. Elle a sans doute à me parler... confidentiellement... ainsi tu comprends...

ADOLPHE.

Parfaitement... Oh ! ne vous excusez pas... j'accepterai une autre fois... Pourtant, moi aussi, j'avais une confidence à vous faire...

TOM.

Tu as quelque chose à me dire... Allons, parle... mais parle vite.

ADOLPHE.

On ne peut pas nous entendre... Eh bien ! oncle Tom, je crois que je ne suis pas fait pour la vie que je mène...

TOM.

Ah !

ADOLPHE.

Non, je ne suis pas dans ma sphère, je suis à l'étroit ici... j'étouffe...

CHLOÉ.

Fallait donc le dire... (*Elle va ouvrir la fenêtre.*)

ADOLPHE.

Mais non... mais non... ce n'est pas cela, laissez la fenêtre fermée... bigre !... il fait un froid dehors... Quand je dis j'étouffe, je parle au figuré... au figuré, entendez-vous ?

CHLOÉ, *à Tom.*

Cet Adolphe, avec son beau langage, on ne sait jamais ce qu'il vous veut dire... Causez avec lui, et comprenez-le si vous pouvez ; moi, je vais voir si le petit Henri dort bien.

ADOLPHE.

C'est ça, digne Chloé... allez voir si le petit dort bien... J'aime autant, pour ma confidence, que nous ne soyons que nous deux père Tom.

TOM.

Voyons, explique-toi.

ADOLPHE.

Oncle Tom, voici ce que c'est. Ici, comme je vous le disais, c'est petit, c'est mesquin, c'est bourgeois, et ça ne me va pas, j'ai d'autres idées...

TOM.

Où les as-tu prises ?

ADOLPHE.

Dans les livres, vous lisez la Bible, vous, moi je lis... Lovelace... un roman... très-joli. Alors, vous comprenez ? Nous n'avons pas les mêmes goûts... Vous vous trouvez bien dans cette vilaine case... moi... je voudrais habiter un palais... Oui, j'ai l'instinct de la distinction, de l'élégance. Je rêve le luxe, la richesse.

TOM.

Eh bien ! travaille. — Ne nous donne-t-on pas des heures, des journées mêmes que nous pouvons employer et utiliser à notre profit ?

ADOLPHE.

Travailler ! pas si bête ! je connais trop bien les bénéfices de ma condition pour y renoncer comme ça. Je suis esclave, donc mon maître m'appartient, il est à moi. Il me doit la nourriture, le logement, l'habillement et les soins ; seulement, je les voudrais plus convenables qu'ils ne sont dans cette maison, voilà tout. Habituellement, c'est le maître qui choisit l'esclave... moi, je voudrais choisir mon maître.

TOM.

Voilà du nouveau !

ADOLPHE.

Que voulez-vous, c'est ma nature... Je ne dis pas ça pour vous humilier ; mais moi je crois que je suis d'une espèce plus fine que vous, plus délicate ; oui, j'ai de l'ambition, être le nègre d'un grand seigneur. Voilà mon rêve ! c'est fou, c'est extravagant, c'est impossible, n'est-ce pas ? Eh bien ! paisambleu ! comme dit Lovelace, j'y parviendrai (*à mi-voix*), quand je devrais m'enfuir, quand je devrais me voler moi-même à mes maîtres pour m'aller vendre ailleurs. Il faut que je nage dans l'opulence, il me faut du satin, du velours, du brocart, il me faut de la batiste et de l'eau de Cologne ; car je suis... je suis...

TOM.

Tu es un imbécile.

CHLOÉ, *annonçant.*

Voici madame !

TOM.

Maîtresse dans ma case ! (*Bas à Adolphe.*) Va-t-en et ne pense plus à cette folie.

ADOLPHE, *s'en allant.*

Il a beau dire, je ne resterai pas dans cette bicoque... et à la première occasion... (*Il salue madame Shelby qui entre.*) Une maîtresse qui marche à pied et qui n'a pas de gants... ça ne peut pas me convenir...

SCÈNE III.

LES MÊMES, MADAME SHELBY, *pâle, pleurant.*

MADAME SHELBY, *s'asseyant.*

Chloé... laisse-nous...

CHLOÉ.

Oui, Madame... (*Bas à Tom.*) Voyez donc, elle a pleuré. (*Elle sort avec Adolphe par le fond.*)

TOM.

Nous voilà seuls, Madame.

MADAME SHELBY.

Tom ! Ah ! mon pauvre Tom !

TOM.

Madame, un grand malheur me menace, moi et les miens, n'est-ce pas ?

MADAME SHELBY.

Qui te fait penser cela ?

TOM.

C'est que vous êtes à une heure avancée de la nuit dans la case de votre serviteur, c'est qu'y étant, vous avez des larmes dans les yeux.

MADAME SHELBY, *se levant.*

Oui... tu as bien deviné, Tom, c'est en effet un malheur que je viens t'annoncer.

TOM.

Eh bien, parlez, Madame, en vous voyant si triste, j'ai eu là comme une grande douleur qui m'a préparé à celle que vous allez me faire.

MADAME SHELBY.

Tom, M. Shelby... Dieu lui pardonne, M. Shelby vous a vendu.

TOM.

Vendu ?

MADAME SHELBY.

Oui.

TOM.

C'est bien, Madame.

MADAME SHELBY.

Quoi ! pas un reproche !...

TOM.

Des reproches ! ne suis-je pas votre bien ?... n'est-on pas libre de disposer de son bien ?... et puis...

MADAME SHELBY.

Et puis...

TOM.

Et puis... vous avez pleuré, Madame.

MADAME SHELBY.

Ah ! Tom ! j'étais bien sûre de vous !...

TOM.

Madame, une question seulement ? Qu'a donc fait de mal le pauvre Tom, pour que son maître le vende ?

MADAME SHELBY.

Rien de mal, au contraire. Mais M. Shelby a un créancier impitoyable qui t'a demandé, qui n'a pas voulu d'autre que toi, et qui a dit que si on ne te donnait pas à lui, il ferait vendre l'habitation avec tous les noirs.

TOM.

Je comprends, Madame... que la volonté de mon maître soit faite. Je suis prêt. Ne plus voir les enfants que le bon Dieu m'avait donnés... mon Élisa... mon petit Henri... quitter pour toujours les lieux qu'ils ont vus naître, et où je croyais mourir après avoir honnêtement fait ma tâche... oh ! c'est affreux... Mais... je supporterai mon malheur avec plus de courage, en pensant que ce malheur épargne des souffrances à mes pauvres compagnons et qu'il aidera au maintien de votre fortune.

MADAME SHELBY.

Vous êtes le meilleur des hommes ! j'en rends témoignage devant Dieu qui vous devait une autre destinée. J'aurais voulu vous laisser quelques souvenirs de nous. Je me suis aperçue, aujourd'hui pour la première fois, de la gêne de mon mari : je n'ai pu réunir que cette petite somme, prenez-la...

TOM.

Merci, Madame, vos libéralités m'ont laissé plus d'argent qu'il ne m'en faut...

MADAME SHELBY.

Acceptez du moins ceci...

TOM.

Une Bible...

MADAME SHELBY.

La mienne...

TOM.

Me voilà riche maintenant ; ce livre est un trésor. Je ne l'ouvrirai jamais sans penser à vous, Madame.

TOM, *qui a ouvert la Bible.*

Vous avez écrit sur cette page ?...

MADAME SHELBY.

Oui, lisez !...

TOM, *lisant.*

« Si Dieu m'aide, je rachèterai Tom, l'ami de notre famille. » (*Avec reconnaissance.*) Oh ! bonne maîtresse...

MADAME SHELBY, *avec bonté.*

Ne me remerciez pas, Tom, j'avais encore un malheur à vous apprendre, une douleur à vous révéler, mais je n'en ai plus la force... Tom, ne maudissez pas votre maître, priez Dieu pour qu'il lui pardonne ; vous le ferez, Tom, car, avec la foi du chrétien, vous avez la douceur et la résignation du martyr... Adieu !... encore une fois, adieu !... (*Tom prend avec effusion la main que madame Shelby lui tend. — Pendant ce jeu de scène, Élisa s'est glissée dans la case sans être vue.*)

SCÈNE IV.

ÉLISA, TOM, *qui est allé reconduire madame Shelby jusqu'à la porte de la case.*

ÉLISA, *à part, en regardant du côté de la chambre de son fils.*

Pauvre petit ! ils t'ont vendu..., mais ta mère te sauvera.

TOM.

Élisa !... chère enfant...

ÉLISA.

Père ! dis-moi la vérité... Madame Shelby sort d'ici... Elle a pleuré... tu es ému... Elle est venue t'apprendre...

TOM.

Quoi donc ?

ÉLISA.

Que tu étais vendu...

TOM.

Tu sais ?...

ÉLISA.

Tout... Voici une lettre que je lui adresse... Lis, pendant que je vais habiller l'enfant.

TOM.

L'habiller ?

ÉLISA.

Oui... lis. (*Elle sort un moment.*)

TOM, *lisant.*

« Madame, ne me croyez pas ingrate, et ne me jugez pas sé-
» vèrement. J'ai entendu tout ce que vous avez dit ce soir avec
» mon maître, il vend mon fils. Je vais tâcher de le sauver en
» fuyant avec lui. Vous ne sauriez me blâmer, car vous êtes
» mère ! Élisa. » Henri ! lui aussi ! ah ! c'est là sans doute ce que voulait m'apprendre madame Shelby... Mes enfants ! (*Il va au-devant d'Élisa.*)

ÉLISA.

Pauvre père ! tu vois, nous sommes bien malheureux ! mais il nous reste un moyen, employons-le. Allons rejoindre Georges !

TOM.

Georges !

ÉLISA.

Je l'ai vu ce soir. Je ne me doutais guère de ce qui allait arriver. On l'a poussé à bout ; il a pris la fuite, il se dirige du côté du Canada... Imitons son exemple. Viens avec moi, père... Tu as une passe qui te permet d'aller et de venir en tout temps... partons !

TOM.

Je ne fuirai pas, Élisa...

ÉLISA.

Mais...

TOM.

Je ne le peux pas. Je me dois à mes pauvres compagnons. Ma fuite les ferait tous vendre jusqu'au dernier. De plus, elle exposerait nos maîtres à la ruine, je ne fuirai pas.

ÉLISA.

Alors, je partirai seule, car j'ai un enfant... Je ne veux pas qu'il soit esclave. Me défendez-vous aussi de fuir, à moi ?

TOM.
...je ne donnerai pas un conseil au-dessus des forces hu-
...s. Tiens, mère, sauve ton enfant...

ÉLISA, *se jetant dans ses bras.*
...ntenant, Seigneur, conduisez-moi... (*Elle disparaît.*)

ACTE II.

TROISIÈME TABLEAU.

Les chasseurs d'esclaves.

L'auberge divisée en deux parties.

SCÈNE PREMIÈRE.

SAINT-CLAIR, *appelant.*
...sieur l'aubergiste !

L'AUBERGISTE, *qui est dans la deuxième chambre.*
...ci, Monsieur ; que faut-il à Monsieur ?

SAINT-CLAIR.
...e chambre où je puisse faire attendre ma fille jusqu'à
...ée de ma voiture et de mes gens.

L'AUBERGISTE, *montrant la chambre à droite du public.*
...i convient-il à Monsieur.

SAINT-CLAIR.
...(*Remontant et appelant.*) Évangeline, Évangeline, mon
...t, viens te reposer... un moment.

ÉVANGELINE, *entrant en scène.*
...ci, père ; mais ce pauvre esclave...

SAINT-CLAIR.
...ous suit.

ÉVANGELINE.
...rvu que son méchant maître consente à nous le vendre.

SAINT-CLAIR.
...il consentira ; reste à savoir à quel prix.

ÉVANGELINE.
...a il me le faut. N'est-ce pas, bon papa, vous me l'ache-

SAINT-CLAIR, *l'embrassant.*
...e !

SCÈNE II.

LES MÊMES, HALLEY, *puis* TOM.

HALLEY, *à Tom.*
...ons, entrez ; mais entrez donc. (*A Saint-Clair.*) Je vous
..., Monsieur.

ÉVANGELINE, *voyant Tom.*
...ame il a l'air fatigué ; papa voulez-vous laisser ce pauvre
...e avec moi. (*Elle désigne l'autre chambre.*)

SAINT-CLAIR.
...s je ne sais si je...

HALLEY.
...es, Monsieur, faites. La marchandise n'est-elle point dé-
...nue à vous.

ÉVANGELINE.
...marchandise ! ah ! le vilain ! (*A Tom.*) Viens, mon ami,
... avec moi. (*Elle le conduit dans la chambre, à droite.*)

SAINT-CLAIR.
...bien ! Monsieur, votre dernier prix ? Voyons, ne me
...ites pas trop.

HALLEY.
...foi, si j'en demandais treize cents dollars, je rentrerais
...ne dans mes déboursés.

SAINT-CLAIR.
...s déboursés ? mais il me semble d'après ce que vous m'a-
...it tantôt, sur la route où je vous ai rencontré, et où ma
...'est prise d'une si grande tendresse pour votre vieux nè-

gre... Il est vrai que vous le maltraitiez fort, ce qui explique l'intérêt très-vif et très-prompt qu'Évangeline a ressenti pour lui... il m'a semblé, dis-je, que vous n'aviez acheté ce vieillard que depuis deux jours seulement.

HALLEY.
C'est vrai, Monsieur ; mais cela n'empêche pas que j'ai fait là une détestable affaire.

SAINT-CLAIR.
Comment ?

HALLEY.
Ah ! voilà ! j'avais acheté en même temps que lui, un petit enfant, dont j'aurais tiré le plus grand parti. La mère a découvert, je ne sais par quelle ruse diabolique, la convention qui me livrait son garçon... elle a disparu avec lui, j'ai battu les environs avec mes gens et mes chiens. Rien... absolument rien... cependant je suis certain qu'elle n'a pu aller bien loin. Pour gagner le pays libre, il faudrait d'abord passer le fleuve qui coule là au pied de cette auberge, et le fleuve charrie en ce moment des glaces en si grande abondance que le plus hardi batelier ne s'aventurerait pas à le traverser.

SAINT-CLAIR, *se levant.*
Pardon, Monsieur, si j'ai bien compris ; — vous êtes certain de retrouver l'enfant enlevé par sa mère. — Or, si vous le retrouvez, vous ne perdez rien, et si vous ne perdez rien, je ne vois pas pourquoi vous me feriez payer plus cher ce vieillard...

HALLEY.
Hum !..... après tout, ce vieux est leur grand-père, et quand ce ne serait que pour le punir des tribulations à moi causées par ses enfants... je prétends.

SAINT-CLAIR.
Permettez, ce n'est pas lui que vous punissez, c'est moi.

HALLEY.
N'importe j'ai dit treize cents dollars... (*Remontant et désignant Tom.*) Ce sera treize cent cinquante dollars. Je n'ai qu'une parole. Tenez ; examinez-le bien, oh ! approchez, approchez, Monsieur, et regardez à votre aise. Je ne veux point vous tromper, moi, quoique marchand, on a de la probité.

ÉVANGELINE, *à Tom, qu'elle a fait asseoir pendant ce qui précède.*
Comment t'appelles-tu ?

TOM.
Tom !

ÉVANGELINE.
Tom !

TOM.
Ou si la petite demoiselle aime mieux, l'oncle Tom. C'est un mot d'amitié que tout le monde ajoutait à mon nom là-bas... là-bas...

ÉVANGELINE.
Vous pleurez.

TOM.
Oui, devant vous je ne me cache point.

ÉVANGELINE.
Ah ! rassurez-vous, maintenant personne ne vous frappera plus.

TOM.
Ce n'est pas le souvenir des mauvais traitements qui me fait pleurer... c'est...

ÉVANGELINE.
C'est...

TOM.
C'est le souvenir de mes enfants que j'ai quittés...

ÉVANGELINE.
Vos enfants ! aviez-vous une petite fille comme moi ?

TOM.
Non... un garçon... et puis sa mère, mon enfant à moi...

ÉVANGELINE.
Oui... je comprends. Écoute... ne pleure plus, je dirai à papa de les acheter tous, veux-tu ?...

TOM.
Hélas ! j'ignore ce qu'ils sont devenus à présent... Dieu seul le sait.

ÉVANGELINE.
Voyons !... console-toi... Tiens ! je t'appellerai aussi oncle Tom... Et moi, veux-tu savoir comment je m'appelle ?... (*Saint-Clair s'approche.*)

TOM.
Oui.

ÉVANGELINE.
Je m'appelle Évangeline.

TOM.
Évangeline ! qu'il est doux ce nom-là !...

ÉVANGELINE.
Aussi papa aime bien mon nom.

SAINT-CLAIR, *qui a écouté.*
Oh ! oui, enfant, je l'aime !

ÉVANGELINE, *allant à Saint-Clair.*
Vous m'écoutiez, curieux papa !... Eh ! bien, est-ce fini ?

SAINT-CLAIR.
Pas encore.

ÉVANGELINE.
Papa, achetez-le ? n'importe à quel prix. Vous avez assez d'argent, je le sais, et je veux l'avoir.

SAINT-CLAIR.
Eh ! pourquoi ma mie ?...

ÉVANGELINE.
Je veux le rendre heureux !

SAINT-CLAIR.
Voilà certes un motif original. (*A Halley.*) Allons, Monsieur, dressez le contrat... Ne faut-il pas obéir à mademoiselle Évangeline.

ÉVANGELINE.
Il est à nous ! il est à nous ! quel bonheur.

HALLEY, *à Saint-Clair.*
Quel nom mettrai-je ?...

SAINT-CLAIR, *se levant.*
Le mien, parbleu... Saint-Clair.

HALLEY.
Fort bien, Monsieur. (*Il va écrire dans un coin.*)

TOM, *à Évangeline.*
Mademoiselle Évangeline, je voudrais vous remercier... et je n'ose...

ÉVANGELINE, *à Tom.*
Embrasse-moi... tu ne me fais pas peur, toi !

HALLEY, *à Tom.*
Tom, voici votre nouveau maître.

TOM, *à Saint-Clair.*
Dieu vous bénisse, Monsieur.

SAINT-CLAIR.
Je le souhaite. Savez-vous conduire, Tom ?

TOM.
Je suis habitué aux chevaux, car mon maître en élevait.

SAINT-CLAIR.
Vous serez mon cocher à la condition que vous ne vous griserez qu'une fois par semaine.

ÉVANGELINE.
Oh ! oh !

SAINT-CLAIR.
Sauf les grandes occasions.

TOM, *gravement.*
Je ne me grise jamais, Monsieur.

ÉVANGELINE.
Ah ! tu entends.

SAINT-CLAIR, *étonné.*
Ah !... nous verrons bien cela.

L'AUBERGISTE, *arrivant.*
La voiture de Monsieur est au bout de l'allée, sur la route.

HALLEY, *à Saint-Clair.*
Monsieur, si une autre circonstance, une autre affaire... Voici ma carte, Monsieur, je remonte vers le Sud. Mais dans un mois, je serai à Cincinnati, et je...

SAINT-CLAIR.
Il suffit, Monsieur... (*Saint-Clair paye Halley.*)

ÉVANGELINE, *à Tom.*
Vous verrez, Tom... vous serez content de papa, il est bon pour tout le monde, seulement il est un peu moqueur... un peu...

SAINT-CLAIR.
Papa te remercie de la manière dont tu fais son éloge. Allons partons...

TOM, *à part.*
Vous m'avez pris en pitié, Seigneur... Protégez mes pauvres enfants.

ÉVANGELINE, *à Tom.*
Allons, viens, viens donc. (*Elle sort avec Tom et l'aubergiste.*)

SCÈNE III.

HALLEY, LOCKER, MARKS.

HALLEY, *qui est resté dans la salle à gauche.*
Voilà une excellente affaire et si je pouvais retrouver l'enfant. (*Voyant entrer Locker et Marks.*) Que vois-je ? Locker, c'est ma bonne étoile qui vous a amené ici, vous aussi Marks...

LOCKER.
Vos anciens associés... Mais d'abord que l'on nous donne l'eau-de-vie, beaucoup d'eau-de-vie, du sucre et de l'eau chaude avec ça nous pourrons jaser.

HALLEY, *appelant les serviteurs.*
Vite, vite... tout ce qu'il y a de mieux pour mon ami Locker (*On sert.*)

MARKS.
Voyons, monsieur Halley de quoi est-il question ?

HALLEY.
Ah ! le commerce d'enfants cause bien des embarras ; j'ai acheté un petit esclave, la mère s'est enfuie avec lui.

MARKS.
Il faudrait habituer les femmes à ne pas se soucier de leurs enfants, ce serait le plus grand progrès de la civilisation moderne... Passez-moi l'eau chaude,... puis occupons-nous d'affaires.

HALLEY.
Après tout, la femme m'importe peu, elle appartient à Shelby je ne tiens qu'à l'enfant ; j'ai fait la folie de l'acheter.

LOCKER.
Ce n'est pas la première que vous faites. (*Frappant du poing*) De l'eau-de-vie !

MARKS.
Allons, ne taquinez pas cet excellent M. Halley, vous voyez qu'il vous met sur la voie d'une bonne expédition. Comment est la femme en question, monsieur Halley ?

HALLEY.
Jeune, jolie, bien élevée... j'en aurais donné à Shelby 1,000 dollars et j'aurais gagné sur elle.

MARKS.
Jeune, jolie, bien élevée ! Bravo ! Nous nous chargeons de l'entreprise ; nous reprenons les fugitifs ; nous restituons l'enfant, comme de juste, à M. Halley, et nous gardons la femme, que nous allons vendre à la Nouvelle-Orléans. Ne ce pas, Locker ?

LOCKER, *frappant du poing.*
Je fais l'affaire !

HALLEY.
Très-bien !

LOCKER.
Un moment ! Les bons comptes font les bons amis. Vous allez m'avancer 50 dollars, ou vous ne reverrrez jamais le père

HALLEY.
Quoi ! lorsque je vous procure une spéculation qui peut vous rapporter au moins 1,200 dollars ! Ah ! Locker, vous n'êtes pas raisonnable.

LOCKER.
Et si nous ne trouvons ni l'enfant ni sa mère, qui nous dédommagera de notre temps et de nos courses perdus ? Allons, allons, vos dollars !

HALLEY.
Alors, vous m'accorderez bien une faveur, une toute petite faveur ?

LOCKER, *s'asseyant.*
Qu'est-ce que c'est.

HALLEY, *se levant, à part.*
Je te vais donner plus que tu ne veux. (*Haut.*) J'ai acheté chez M. Shelby, une certaine Topsy...

LOCKER.
Topsy !... Topsy, avez-vous dit ?... Où est-elle ?

HALLEY.
Elle est là, avec mes bagages... Holà ! Topsy.

SCÈNE IV.

LES PRÉCÉDENTS, TOPSY.

TOPSY.
Voilà Topsy... hi ! hi ! hi !...

LOCKER.
Je la retrouverai donc toujours !... C'est une fatalité ! (*A l'aspect de Locker, Topsy a fait un mouvement aussitôt primé.*)

HALLEY, *à part.*
Ça a l'air de le contrarier... J'en étais sûr.

MARKS.
Qu'y a-t-il donc ?

LOCKER, *à Topsy.*
Pourquoi me regardes-tu ainsi ? Est-ce que tu me reconnais fille du diable ?

TOPSY.
Moi... je ne vous ai jamais vu... hi ! hi ! hi !

LOCKER, à *Halley*.

Vous me devez 25 dollars; c'était ma part dans le marché : vous la rends, en échange, j'emmène Topsy.

HALLEY.

Bien volontiers. (*A part.*) J'espérais quelque chose comme

MARKS, à *Locker*.

Qu'est-ce que tu veux faire de cette mauricaude-là ?

LOCKER, à *Topsy*.

Ça ne te regarde pas... maintenant tu es à moi.

TOPSY.

Oui, maître!... Hi! hi! hi!... (*A part.*) A présent, je suis contente de n'être pas morte.

LOCKER, *la regardant*.

Je l'enverrai si loin qu'elle ne pourra pas me revenir... Mettons-nous en chasse, nous autres. (*Il sort avec Halley et Marks.*)

SCÈNE V.

AFFICHEUR, DEUX CURIEUX MUETS, WILSON, KENTUCKI, puis GEORGES.

(*A la fin de la scène précédente, divers personnages sont entrés dans la chambre de gauche; l'un d'eux a apposé une grande affiche sur un des pans de mur auprès de la cheminée.*)

WILSON, *voyant l'affiche*.

Qu'est-ce que cela ?...

KENTUCKI.

Une annonce relative à un nègre évadé. (*Il lit.*) « Un mulâtre est enfui de l'habitation de M. Harris, il se nomme Georges ! »

WILSON, à part.

Georges !

KENTUCKI.

Il tâchera probablement de se faire passer pour un blanc ; sa main droite a été marquée au feu de la lettre H. On donnera 200 dollars à celui qui le ramènera vivant, et la même somme à celui qui donnera la preuve qu'il a été tué... » Pouah ! (*Après l'avoir lu, Kentucky crache sur l'affiche.*)

L'AUBERGISTE.

Que faites-vous ?

KENTUCKI.

J'ai exprimé mon opinion, voilà.

L'AUBERGISTE.

Cependant, Monsieur, je crois, je pense...

KENTUCKI.

J'en ferais autant au rédacteur de cette annonce s'il était ici. Un homme qui possède un esclave et qui ne sait pas mieux le traiter, mérite de le perdre. De pareilles annonces sont la honte de cette partie de l'Amérique. Voilà mon avis, et c'est le vôtre aussi, n'est-ce pas ? (*En disant cela, il marche vers l'aubergiste.*)

L'AUBERGISTE, *reculant*.

C'est évident. (*A part.*) Il ne faut pas contrarier ce gaillard-là.

KENTUCKI, *qui est allé prendre un tison pour allumer son cigare, à Wilson qui va pour sortir*.

Voyageur !

WILSON.

Monsieur !

KENTUCKI.

Voulez-vous un cigare ?

WILSON.

Non, merci, je n'en use pas ; voulez-vous une prise ?

KENTUCKI.

J'en use, tenez, voyageur, moi, capitaine Kentucki. J'ai des nègres, et je leur dis toujours : Allez où vous voudrez... je me soucie pas de courir après vous. C'est ainsi que je les serve. Persuadez-leur qu'ils sont libres de s'enfuir quand ils en ont envie, et ils n'y songent pas. Bien plus, dans le cas où je viendrais à passer dans l'autre monde, j'ai préparé pour des lettres d'affranchissement. Ils le savent, et me sont attachés jusqu'au dernier soupir. Traitez-les comme des hommes, et vous aurez des hommes à votre service.

WILSON.

Monsieur, je crois que vous avez raison. Celui dont le signalement est donné dans cet avertissement, est un brave garçon.

KENTUCKI.

Vous le connaissez ?

WILSON.

Il a travaillé plus de six ans dans ma manufacture de sacs, c'était mon meilleur ouvrier. Je l'avais loué à son maître, un homme dur. Georges est ingénieux. La machine qu'il a inventée est réellement admirable; elle est employée dans plusieurs fabriques, et son maître en a pris le brevet.

KENTUCKI.

Le mulâtre lui a fait gagner de l'argent, et, en récompense, il l'a marqué à la main droite ! Ah ! si je tenais cet infâme, je lui ferais de telles marques à lui, qu'il les porterait toute sa vie. (*En achevant ces mots, il appuie sa large main sur l'épaule de l'aubergiste qui fléchit.*)

L'AUBERGISTE.

Quel gaillard ! quel gaillard !

SCÈNE VI.

LES PRÉCÉDENTS, GEORGES, TIM.

(*Georges habillé en voyageur dandy.*)

GEORGES, *allant à l'aubergiste*.

Vous avez un détestable cuisinier, monsieur l'hôte, détestable en vérité. (*A son nègre.*) Tim, payez l'hôte, nous partirons aussitôt que vous aurez fait seller les chevaux ; une heure de repos a dû leur suffire, et je ne veux pas manquer les courses. Allez... (*Tim obéit et suit l'aubergiste.*)

WILSON, à part, *en regardant Georges*.

C'est bien singulier... Ces traits, cette tournure. (*S'approchant.*) Plus de doute, c'est...

GEORGES, *l'interrompant*.

Henri Butler, d'Oaklands, comté de Shelby... Et vous, Monsieur, vous êtes monsieur Wilson. Je vous demande pardon ; je ne vous avais pas remis tout d'abord. Je bénis le hasard qui me fait vous rencontrer ; j'ai à vous parler d'affaires importantes, très-importantes. (*A l'aubergiste.*) Monsieur l'hôte, puis-je rester seul ici quelques instants.

L'AUBERGISTE.

A votre aise, Monsieur, à votre aise. (*Il fait sonner l'argent qu'il a reçu et dit en sortant.*) C'est un grand seigneur.

SCÈNE VII.

WILSON *le regardant et le reconnaissant*.

Georges...

GEORGES.

Plus bas... Je suis assez bien déguisé, n'est-ce pas, mais ce n'était pas difficile. Je suis de race blanche par mon père. Ma mère était une de ces infortunées que leur beauté condamne à servir les passions du maître, et à donner le jour à des enfants qui ne connaîtront jamais leur père. Au reste, comme vous voyez, je ne ressemble pas à l'esclave que désigne l'affiche.

WILSON.

C'est vrai... Ainsi, Georges, vous vous êtes évadé, vous vous mettez en opposition avec les lois de votre pays.

GEORGES.

Mon pays !... Je n'ai d'autre pays que la tombe, et je voudrais y être déjà. Mon pays ! Regardez-moi, M. Wilson, ne suis-je pas un homme comme vous ? Eh bien, mon père, un de vos planteurs du Kentucki, n'a pas daigné, avant de mourir, prendre des mesures pour m'empêcher d'être vendu avec ses chevaux et ses chiens. J'ai vu ma mère mise aux enchères avec ses sept enfants ; ils ont été vendus devant elle, un à un, à différents maîtres. J'étais le dernier ; elle s'agenouilla devant l'acquéreur, en le suppliant de l'acheter avec moi, afin qu'il lui restât au moins un enfant ; il la repoussa. Il me fit attacher au cou de son cheval, et tandis qu'on m'emportait, les gémissements de ma mère retentirent à mes oreilles pour la dernière fois. J'ai vécu longuement, péniblement, sans père, sans mère, sans personne qui s'intéressât à moi, toujours grondé, battu, privé de tout. Je n'avais pas obtenu une seule parole bienveillante avant l'heure où je vins travailler dans votre fabrique. Je fus bien traité par vous, monsieur Wilson ; grâce à vous, j'appris à lire, à écrire; j'eus la noble ambition de me bien conduire et de devenir quelque chose ; alors, mon maître est venu ; il m'a arraché à mes travaux, à mes amis, à tout ce que j'aimais ; il ma rejeté dans la poussière. J'oubliais ce que j'étais, disait-il ; il voulait m'apprendre que je n'étais qu'un nègre. Il se mit entre ma femme et moi, et prétendit que je devais la quitter pour en épouser une autre !... Et vous dites que ce sont les lois de mon pays !... Monsieur, je n'ai pas plus de pays que je n'ai de père. Lorsque je serai au Canada, où les lois me protégeront, ce sera ma patrie, et j'obéirai à ses lois.

WILSON.

Allons, Georges, suivez votre route, mais soyez prudent, mon ami. Entrer dans une auberge aussi proche des plantations c'est dangereux, très-dangereux. Puis, cette marque, cette lettre H ?

GEORGES, *ôtant son gant et montrant sur sa main droite une cicatrice récemment guérie.*

C'est une dernière preuve d'attachement de M. Harris. Il y a quinze jours, il lui prit fantaisie de me marquer de son initiale, mais ce que le fer avait gravé, le feu l'a effacé, bien effacé, n'est-ce pas? (*Il lui montre sa main.*) Ne craignez rien pour moi, je voyagerai en plein jour, je logerai dans les meilleurs hôtels. L'audace est ici une plus sûre conseillère que la prudence. — Si vous entendez dire que Georges est pris, vous pourrez dire à votre tour que Georges est mort.

TIM, *rentrant.*

Les chevaux sont prêts.

GEORGES.

Bien. (*Prenant Wilson à part.*) Cher monsieur Wilson, souffrez que je vous demande encore un acte de charité chrétienne...

WILSON.

Parlez !

GEORGES.

Si je meurs, personne ne s'en inquiétera ; je serai enterré dans le premier fossé venu. Au bout de quelques jours, tout le monde m'aura oublié, excepté ma pauvre femme !..... je désirerais, monsieur Wilson, lui faire parvenir cet anneau d'argent qu'elle m'avait donné le jour de notre mariage. — Vous le lui remettrez en lui disant que je l'ai aimée jusqu'à ma dernière heure... Le voulez-vous, monsieur Wilson?

WILSON.

Très-certainement, je ferai ce que vous me demandez.

GEORGES.

Merci, monsieur Wilson, merci.

WILSON.

Mais j'espère que vous ne mourrez pas, et que nous nous reverrons.

GEORGES.

Sur une terre libre, peut-être ; — sur celle-ci, — jamais !

WILSON *à Georges.*

On vient, partez ! (*Georges sort par le fond.*)

GEORGES.

Adieu ! adieu !

WILSON.

Plus de danger maintenant (*Il sort par le fond.*)

SCÈNE VIII.

L'AUBERGISTE, ÉLISA, HENRI.

A peine Georges est-il sorti que l'on voit entrer l'aubergiste conduisant Élisa. — Elisa tient son enfant dans ses bras.

L'AUBERGISTE.

Entrez, entrez, ma chère dame, quoique vous voyagiez à pied, vous n'en serez pas plus mal venue chez moi; mettez donc cet enfant à terre, vous paraissez fatiguée et, tenez, vous chancelez. (*Appelant.*) Ma femme.

ELISA.

Taisez-vous, Monsieur, ce n'est rien : quelques instants de repos et je me remettrai en route. — Dites-moi, Monsieur, n'y a-t-il pas un bac pour passer ?

L'AUBERGISTE.

D'ordinaire oui, mais le bateau ne va plus. — Vous auriez besoin de passer ? — Vous paraissez bien inquiète. — Vous allez peut-être voir quelqu'un de malade ?

ELISA.

Oui, c'est cela, j'ai un enfant qui est en danger. Je l'ai appris hier au soir, et je suis venue sans m'arrêter jusqu'ici, dans l'espoir d'y trouver le bac.

L'AUBERGISTE.

Ecoutez : — il y a un homme qui tantôt a annoncé qu'il essayerait de transporter des marchandises sur l'autre rive, vers le soir, pour peu que la chose devînt possible. Je vais voir cet homme, et lui parler de vous. — En attendant, voilà un enfant accablé de lassitude, — faites-le dormir là. (*Il désigne la chambre, à droite.*) Et s'il se peut, dormez aussi à côté de lui. Je viendrai vous réveiller quand il sera temps. On ne vous dérangera pas, soyez tranquille, soyez tranquille.

ELISA.

Merci, Monsieur, de toutes vos bontés.

L'AUBERGISTE, *appelant.*

Holà, vous autres! (*Deux garçons paraissent.*) Transportez tous ces meubles dans la grande salle pour la réunion de demain, et ne laissez pas entrer ici. (*A Elisa.*) Courage ! courage ! (*Les garçons enlèvent tout.*)

SCÈNE IX.

ELISA, *seule dans la chambre de gauche.*

Dors, pauvre petit! — Toi tu peux dormir! — Quelle nuit, mon Dieu ! quelle fuite ! — Quitter ainsi la seule maison que j'aie jamais connue ! Séparée de mon mari, entourée comme lui de mille dangers, seule avec mon enfant au milieu des bois, ma tendresse pour Henri m'a soutenue, et je marche depuis plus de douze heures, mais je sens que mes forces étaient à bout ; — quelques pas de plus et je serais tombée ; — la fatigue me brise et m'anéantit. — Mon Dieu, si j'allais m'endormir ! Voyons, — cette chambre ferme-t-elle bien (*Elle regarde à la porte qui communique avec l'autre pièce.*) A cette porte un verrou, — puis cette fenêtre qui donne sur le fleuve (*Fenêtre au fond de la chambre de gauche.*) — Personne ne peut donc entrer ici, — personne ne viendra que l'hôte dont je reconnaîtrai la voix. (*S'approchant du fauteuil dans lequel elle a placé son enfant endormi.*) Le sommeil lui rendra les forces — et à moi la prière. (*Elle s'agenouille devant le fauteuil, — prie à voix basse, puis peu à peu s'endort, la tête appuyée sur le fauteuil, et toujours à genoux près de son fils.*)

SCÈNE X.

MARKS, LOCKER, HALLEY.

HALLEY.

Elle est ici, vous dis-je ! on l'a vue entrer dans cette auberge.

LOCKER.

Je vous réponds qu'elle ne m'échappera pas à moi. — Elle doit être là.

HALLEY.

La porte est fermée. (*Regardant par le trou de la serrure*) C'est elle ! c'est Elisa ! Ouvrez ! ouvrez !

ELISA, *se relevant.*

On m'a suivie, je suis perdue.

LOCKER, *frappant à la porte.*

Ouvrez-nous, mille diables, sinon je fais sauter la serrure.

ELISA.

Ils vont briser la porte! Ah ! cette fenêtre ! la rivière, Mon Dieu, mon Dieu ! secourez-moi !... (*Elle s'élance par la fenêtre, Locker enfonce la porte, se précipite dans la chambre suivi d'Halley et de Marks*).

(*Changement à vue.*)

QUATRIÈME TABLEAU.

La fuite sur la glace.

Le théâtre change à vue.
Le fleuve avec ses glaçons et ses eaux en tumulte.
Elisa paraît, elle tient son enfant dans ses bras, et s'élance sur les glaçons.
Halley veut suivre le même chemin, la glace, déjà ébranlée par le poids d'Elisa, craque sous ses pieds, il disparaît à moitié dans le fleuve. Locker accourt pour l'aider à sortir de l'eau.
Elisa fuit au loin, sur un glaçon flottant sur lequel elle s'est élancée avec son enfant. — Le rideau baisse sur ce tableau.

ACTE III.

CINQUIÈME TABLEAU.

Le paquebot.

Le pont d'un bateau à vapeur remontant le fleuve.

SCÈNE PREMIÈRE.

Des matelots et des nègres carguent une voile. — Des passagers regardent leurs manœuvres, on entend une cloche.

SCÈNE II.

LES MÊMES, *le capitaine* KENTUCKI.

KENTUCKI, *aux matelots.*

Holà ! vous autres ! — Attention à la machine. — Stop ! nous sommes à la station. (*La machine à vapeur s'arrête, le bateau fait escale.*) Adolphe ! Adolphe !

SCÈNE III.

LES MÊMES, ADOLPHE, *accourant; il est en matelot.*

ADOLPHE.

Voilà, maître.

KENTUCKI.

Allons donc, paresseux... les colis ?

ADOLPHE, *montrant l'entrée à droite.*

Ils sont à l'échelle.

KENTUCKI.

Après l'entrée des nouveaux voyageurs que nous allons rendre ici, tu veilleras à ce que le déjeuner soit servi à l'heure règlement. Tu sais que j'aime l'ordre à mon bord.

ADOLPHE.

Oui, maître. (*On descend des colis et le capitaine Kentucki sort traversant le petit pont qu'on vient de jeter à droite pour recevoir nouveaux voyageurs,* — *Avec un violent dépit.*) Voyageurs, colis, cuisine, capitaine et bateau, je donnerais tout au diable ! être réduit là ! moi, Adolphe ! (*En posant.*) Moi, un homme de goût, moi qui ai des instincts si délicats !.. porter de pareils colloques et sentir le goudron !!! c'était bien la peine de changer de maître !.. J'avais exprimé avec trop de franchise mon opinion sur la maison Shelby; j'ai été dénoncé et on m'a vendu au capitaine d'un des bateaux qui remontent et descendent le fleuve... un omnibus d'eau !.. oh ! c'est humiliant !..

SCÈNE IV.

ADOLPHE, *puis* KENTUCKI.

KENTUCKI.

Comment tu es encore là, toi ?...

ADOLPHE.

Maître...

KENTUCKI.

Eh bien !...

ADOLPHE.

Il me semble que ça chauffe beaucoup.

KENTUCKI.

On ne chauffe pas assez, et j'entends que nous marchions plus vite, tout à l'heure !...

ADOLPHE.

Plus vite ! miséricorde !... mais si nous sautions, maître !...

KENTUCKI.

Pardieu si nous sautions, tu le verras bien et il sera temps de te plaindre... d'ailleurs le bateau est assuré.

ADOLPHE.

Mais je ne le suis pas moi !...

KENTUCKI.

Allons, cours aux bagages, on ne sait plus où les mettre !... (*Adolphe sort.*) Maintenant je puis les faire venir. (*Il introduit Elisa et Henri.*) Entrez, entrez sur mon bord, vous êtes en sûreté.

ÉLISA.

Ah ! Monsieur...

KENTUCKI.

Vous avez eu confiance en moi, vous m'avez dit, en montant sur le bateau, tout ce que vous avez bravé, tout ce que vous avez souffert, et de ce moment, vous avez en moi plus qu'un protecteur, vous avez un ami... Vous êtes une courageuse femme, et j'aime le courage !... Donc, vous êtes sous ma sauvegarde, et à moins que vos maîtres ne viennent vous chercher jusqu'ici... alors, ma pauvre enfant, je les invoquerais tous ; et toute cruelle qu'elle soit, comme citoyen des Etats de l'Union, je devrais la respecter... mais vous êtes certaine de n'pas avoir été suivie ?

ÉLISA.

Je l'espère du moins.

KENTUCKI.

Je vais vous installer dans ma cabine, vous et votre enfant, vous pourrez vous reposer et reprendre des forces... venez ! (*Kentucki fait descendre Elisa et Henri sous le pont.*)

SCÈNE V.

TOM et EVANGELINE *viennent de droite; Tom paraît portant sur ses épaules une malle qui paraît pesante. Evangeline le suit.* — ADOLPHE.

ÉVANGELINE.

Prends garde, oncle Tom, prends garde, elle est lourde, cette malle. (*A Adolphe qui paraît portant un petit carton.*) Voilà tout ce que tu portes, toi... aide donc ce pauvre homme à déposer son fardeau.

ADOLPHE.

Tout de suite, miss... je vous préviens seulement que je ne suis pas fort... (*En aidant Tom, et quand celui-ci relève la tête, il le reconnaît.*) Tom !... le père Tom !

TOM.

Adolphe !

ÉVANGELINE.

Vous vous connaissez ?

TOM.

Nous avons appartenu au même maître... Dis-moi, mon ami, as-tu quitté l'habitation depuis longtemps ?

ADOLPHE.

Depuis trois jours... on m'a vendu... à vil prix !

TOM.

A ton départ, avait-on des nouvelles... d'Elisa, de son enfant ?

ADOLPHE.

Non, aucune nouvelle... si ce n'est que M. Halley les faisait poursuivre.

TOM.

Pauvres chers enfants !

ÉVANGELINE.

Ne t'afflige pas, oncle Tom... je t'ai entendu raconter à papa la fuite de la fille... tu vois qu'on ne l'a pas encore reprise... Dieu est juste... on ne la reprendra pas.

ADOLPHE.

Vous allez vous trouver ici en pays de connaissance... Topsy est sur le bateau avec son ancien maître, M. Locker... vous savez bien, ce scélérat qui a fait mourir la mère de Topsy... heureusement que la pauvre idiote ne se souvient de rien... Et vous, père Tom, à qui êtes-vous ?

ÉVANGELINE.

A moi... et comme il doit m'obéir, je lui ordonne de se reposer. (*Elle le fait asseoir sur la malle.*)

ADOLPHE.

A vous ?

ÉVANGELINE.

Oui... papa me l'a donné.

ADOLPHE.

Pour vos étrennes ?

ÉVANGELINE.

Non, parce que je l'ai désiré et parce que papa me donne tout ce dont j'ai envie.

ADOLPHE.

Une idée, miss... si vous demandiez à monsieur votre papa de m'acheter, moi, petit nègre ?

ÉVANGELINE.

Mais je n'ai pas envie de t'avoir, toi.

SCÈNE VI.

LES MÊMES, SAINT-CLAIR.

ÉVANGELINE, *allant à Saint-Clair.*

Dis donc, père, voilà un nègre qui veut absolument que je l'achète.

ADOLPHE, *qui a regardé Saint-Clair.*

A la bonne heure !... voilà un vrai gentleman... voilà un maître qui me ferait honneur; tâchons de lui plaire. (*Il prend une pose.*)

SAINT-CLAIR, *qui l'a lorgné.*

Est-ce que vous trouvez, ma mie, que cette nuance manque à votre collection ?

ÉVANGELINE.

Je n'y tiens pas du tout.

SAINT-CLAIR.

J'ai besoin d'un valet de chambre, Tom ne peut pas m'en servir ?

ADOLPHE.

Valet de chambre !... valet de chambre !... mon rêve !

SAINT-CLAIR.

Approche... sais-tu coiffer ?

ADOLPHE.

Monsieur, je me faisais mettre des papillotes toute la journée chez M. Shelby.

SAINT-CLAIR.

Sais-tu lire ?

ADOLPHE.
Je me faisais faire la lecture tous les soirs.
SAINT-CLAIR.
Sais-tu le service enfin ?
ADOLPHE.
Je me faisais servir tant que je pouvais.
ÉVANGELINE.
Mais, papa, il ne sait rien du tout.
SAINT-CLAIR.
Il a du moins la franchise de l'avouer.
ADOLPHE.
Tenez, j'ai vu tout de suite que vous me conviendriez.
SAINT-CLAIR.
Vraiment !
ADOLPHE.
Oui, vous avez des manières distinguées, du beau linge, vous portez des breloques d'or et vous avez des gants... Vous me convenez absolument... je suis sûr de ne pas trouver mieux.
SAINT-CLAIR, se levant.
Faquin ! sais-tu si tu me conviens, toi ?
ADOLPHE.
Qu'est-ce qu'il vous faut, Monsieur ? un valet de chambre distingué comme vous, élégant comme vous, sentant l'eau de Cologne comme vous... Eh bien, Monsieur, je perds mes avantages sous ces affreux haillons ; mais mettez-moi un habit vert, une culotte orange, des bas de soie, des gants et un chapeau galonné ; aussitôt tout le monde se demandera : A qui donc ce joli domestique ?... c'est au moins à un prince... Et vous direz : C'est à moi ! et je n'ai payé ce trésor... ce bijou... ce diamant... que 150 dollars !
SAINT-CLAIR.
Ah ! c'est ton prix.
ADOLPHE.
C'est le prix que m'a payé M. Kentucki.
SAINT-CLAIR.
Mais il tient peut-être à garder ce trésor, ce bijou, ce diamant ?
ADOLPHE.
Il faudrait qu'il sût l'apprécier, et il ne se doute pas de ce que je vaux. Qu'il rentre dans ses déboursés et il me remplacera par n'importe qui ?
SAINT-CLAIR.
Écoute... tu ne sais rien... tu ne dois être bon à rien... mais, puisque je te conviens si parfaitement, je te prends.
ADOLPHE.
Vrai, Monsieur, vrai !
SAINT-CLAIR.
Oui, oui, je crois que tu m'amuseras. (Allant à Évangeline.) Tenez, ma mie, il remplacera, sans trop de désavantage, le singe que vous aimiez tant... Allons, si ton maître veut te céder pour 150 dollars, tu es à moi.
ADOLPHE.
Valet de chambre ! je serai valet de chambre !... quel bonheur ! Je vais trouver M. Kentucki... ça va être fait tout de suite... valet de chambre !... tra la la.., yo yo yo ! (Il sort en dansant et en chantant.)

SCÈNE VII.

SAINT-CLAIR, ÉVANGELINE, TOM.
SAINT-CLAIR, à Évangeline.
Eh bien ! chère petite, que dis-tu de mon acquisition ?
ÉVANGELINE, qui regarde Tom, qui est resté triste et pensif assis sur la malle.
Rien.
SAINT-CLAIR.
Ce drôle sera plus gai que ce brave homme. (Il montre Tom.)
ÉVANGELINE.
Papa, il pleure sa fille qu'il a perdue... si tu me perdais, moi, tu ne pleurerais donc pas ?
SAINT-CLAIR, l'embrasse sans répondre, puis à Tom avec bonté.
Tom...
TOM, se levant.
Maître...
SAINT-CLAIR.
Je vous ai dit et je vous répète que si je puis vous aider à retrouver vos enfants, je le ferai... espérez donc.

TOM.
J'espère aussi, Monsieur.
SAINT-CLAIR.
En moi ?
TOM.
En Dieu d'abord, car il peut tout, lui.
SAINT-CLAIR.
C'est juste... Tom, faites porter et réunir nos bagages qui sont là-bas sur l'avant du navire.
TOM.
Oui, Monsieur.
SAINT-CLAIR.
Évangeline, apportez-moi un livre que vous trouverez dans ma petite malle... en voici la clef. (Un matelot sort les bagages par la droite.)
TOM.
Si mon maître voulait en attendant... (Il lui présente un livre.)
SAINT-CLAIR.
Vous savez donc lire, Tom ?
TOM.
Un peu, Monsieur...
SAINT-CLAIR.
Et que lisez-vous ?... oh ! oh ! la Bible !
TOM.
C'est la consolation de ceux qui souffrent.
SAINT-CLAIR.
Peut-être... mais ce n'est pas une distraction pour ceux qui s'ennuient... (Rentrée d'Évangeline.)
TOM, à part.
Pauvre maître ! il ne croit pas...
ÉVANGELINE.
Viens, Tom... j'aime bien la Bible, moi, nous la lirons ensemble.
TOM.
Voulez-vous descendre au salon ?... car la nuit va bientôt venir et il fait froid sur le pont.
ÉVANGELINE.
Non ; restons à l'air... Je ne veux pas le dire à papa, mais j'étouffe... j'étouffe toujours... Si nous ne voyons plus assez clair pour lire, eh bien, tu me parleras de ta fille... si ça te fait pleurer... je pleurerai avec toi... si tu pries pour elle... je prierai aussi... viens !
TOM, la suivant.
Mon Dieu ! tous vos anges ne sont donc pas auprès de vous

SCÈNE VIII.

SAINT-CLAIR, puis KENTUCKY, ÉLISA, HENRI. Saint-Clair s'est placé sur un pliant et lit la gazette. — On voit Kentucky, Élisa et Henri, remonter précipitamment sur le pont.
KENTUCKY.
Pourquoi revenez-vous ici ? pourquoi tremblez-vous ? La petite négresse que nous avons trouvée au bas de l'escalier vous a-t-elle donc fait peur ?
ÉLISA.
Cette négresse, c'était Topsy.
KENTUCKY.
Topsy !
ÉLISA.
Qui était esclave avec moi chez M. Shelby.
KENTUCKY.
Diable !... que vous a-t-elle dit ?
ÉLISA.
Sauve-toi !... Pourquoi n'ai-je pas suivi ce conseil sans chercher à le comprendre... je n'aurais pas été vue.
KENTUCKY.
Par qui ?
ÉLISA.
Par un des hommes qui me poursuivaient.
KENTUCKY.
Cet homme...
ÉLISA.
Était dans la salle que vous vouliez me faire traverser pour gagner votre cabine... et cet homme m'a reconnue.
KENTUCKY.
Vous le croyez ?
ÉLISA.
J'en suis sûre... cet homme va venir me réclamer... il va m'arracher mon enfant !

KENTUCKY.
...ut-être... (Appelant d'un signe un matelot.) Va dire au
...re-maître de se tenir prêt avec quelques matelots solides ;
...n premier appel, qu'ils accourent tous... va ! (Le matelot

ÉLISA.
...e voulez-vous faire ?
KENTUCKY, la faisant asseoir.
...us défendre, mort Dieu ! tant que la loi me le permettra.

SCÈNE IX.

LES MÊMES, TOPSY, LOCKER, MARKS.

...KER, repoussant violemment Topsy qui semble vouloir le retenir.
...lle d'enfer ! te mettras-tu donc toujours dans mes jambes !
MARKS, montrant Élisa à Locker.
... vois que je ne m'étais pas trompé.
TOPSY, à part.
...voulais lui donner le temps de fuir.
LOCKER, remontant.
... capitaine de ce paquebot ?
KENTUCKY, bas à Élisa.
...est moi ! (Haut.) Ne vous troublez pas.
LOCKER.
...viens à vous au nom de la loi.
TOUS.
... nom de la loi !
SAINT-CLAIR, écoutant.
... ! oh !... que se passe-t-il donc ?
LOCKER.
...qui se passe, vous allez le savoir... J'étais à la poursuite
...e esclave et de son enfant... L'esclave a rompu ses chaînes
...ant a été vendu et payé... Je réclame et la femme et l'en...

LES PASSAGERS.
...est juste.
KENTUCKY.
...rt bien... que puis-je à cela, Monsieur ?
LOCKER.
...lle diables ! vous pouvez, vous devez me les rendre... car
...oilà près de vous, tous les deux. (Élisa se lève.)
KENTUCKY.
...merveille... Mais où est la preuve de ce que vous dites ?
LOCKER.
... preuve !... pardieu ! cette femme ne peut nier qu'elle soit
...oi.
ÉLISA.
...ne vous appartiens pas... vous mentez !
KENTUCKY.
...us entendez ?
LOCKER.
...en, la belle... nous règlerons tous nos comptes à la fois, et
... ferai payer cher ton audace... Mais j'ai là de quoi te con-
...ire... Topsy, approche, approche donc... tu étais esclave
...e cette femme à l'habitation Shelby, regarde-la et déclare
... cette femme est bien Élisa.
SAINT-CLAIR.
...isa !
TOPSY.
...isa... eh... hi ! hi ! hi ;... je ne l'ai jamais vue.
LOCKER, levant son fouet sur Topsy.
...etite misérable !
TOPSY.
... ! hi ! hi ! maître qui veut me faire mentir. Topsy, Topsy,
...mentir, jamais, jamais. (Elle se sauve, voyant le geste de
...ker.)
KENTUCKY.
...nissons-en, Monsieur !... avez-vous un papier, un titre de
...helby ?
LOCKER.
...ai ma parole. La loi dit qu'en levant la main et en prêtant
...erment, un blanc peut revendiquer le nègre qui est à lui.
...ève la main et je suis prêt au serment.
SAINT-CLAIR.
...ermettez, Monsieur... votre parole ne suffit pas, tant que
...entité de l'esclave n'est pas clairement établie.
KENTUCKY, et tous les passagers.
...est juste.

SAINT-CLAIR.
Prouvez donc l'identité d'abord.
KENTUCKY.
Ce gentleman a raison. (Mouvement des dames auprès d'Élisa.)
SAINT-CLAIR.
Prouvez que cette femme est bien l'esclave que vous cherchez. (A Élisa.) Voyons, Madame, êtes-vous la personne qu'on réclame, êtes-vous l'esclave Élisa, ayant appartenu à M. Shelby ?...
KENTUCKY.
Rien qu'un oui ou un non... si vous dites non, le reste me regarde.
SAINT-CLAIR.
Répondez.
ÉLISA.
Non.
MARKS.
Ah !
LOCKER, à Élisa.
Mille tonnerres ! vous osez...
KENTUCKY.
Oh ! pas de menaces, pas de gestes... je suis maître à mon bord... tant que vous n'aurez pas prouvé que cette femme est une esclave et qu'elle vous appartient, elle est pour moi une femme libre, une femme digne de vos respects, digne de ma protection... enfin, c'est une femme, et vous n'y toucherez pas.
LOCKER.
Mes respects !... ah ! c'est trop fort, et je... (Il va pour frapper Élisa; les femmes poussent un cri et éloignent Élisa.)
KENTUCKY lui arrache son fouet.
Qu'est-ce que c'est ? ne bougez pas, ou sinon... Je suis maître ici... et si vous faites du bruit... si vous troublez l'ordre, je vous fais prendre par mes matelots, et je vous fais jeter à fond de cale. (Les matelots viennent se ranger sur le devant.)
MARKS ; bas à Locker.
Filons doux !
LOCKER, à part.
Soit ! il me paiera ça plus tard. (Haut.) Eh bien, parlons doucement.
KENTUCKY, lui rendant son fouet.
Parlons doucement !... (Il fait signe à ses matelots.)
LOCKER.
D'ailleurs, j'ai d'autres moyens de prouver la vérité. (Rentrée d'Evangeline.)
SAINT-CLAIR.
Prouvez.
LOCKER.
Cette Élisa dont je parle, a un père ; ce père est un esclave comme elle... il s'appelle Tom.
SAINT-CLAIR.
Tom !
ÉVANGELINE, qui a paru à droite avec un livre.
Élisa... elle est ici... oh ! comme le pauvre oncle Tom va être heureux ! (Elle sort vivement.)
LOCKER.
Personne ne conteste ce que je viens de dire... c'est fort heureux... Eh bien ! je sais ...om est sur ce navire... Tom appartient à M. Saint-Clair... qu... vienne, qu'on l'interroge.

SCÈNE X.

LES MÊMES, ÉVANGELINE, TOM.

TOM.
Est-ce possible ?
ÉVANGELINE.
Mais oui... la voilà...
TOM.
Ma...
TOPSY, courant à lui.
Hi... hi... père Tom... maître réclame son esclave... mais elle... pas Élisa... pas ta fille...
TOM.
Que dit-elle ?
SAINT-CLAIR, à part.
Plus de doute.
ÉVANGELINE.
Eh bien ! tu ne l'embrasses pas !

SAINT-CLAIR.
Silence, enfant, silence !

LOCKER, à Élisa.
En présence de ce vieillard, oseras-tu encore dire que tu n'es pas Élisa, que tu n'es pas sa fille... Voyons, parle.

ÉLISA, à part.
Seigneur, je suis chrétienne, mais je suis mère. (Haut.) Je... ne... connais pas ce vieillard.

LOCKER.
Je m'y attendais... mais toi, Tom, tu diras la vérité.

SAINT-CLAIR, à Locker.
Un moment... Cet homme m'appartient. (Allant à Tom.) C'est à moi de l'interroger... Écoutez-moi bien, mon ami... votre fille Élisa s'est enfuie avec son enfant qu'on avait vendu; cet homme la réclame au nom de la loi, et la loi veut qu'on la lui livre si son identité est constatée... Maintenant, Tom, cette femme est-elle bien Élisa, cette femme est-elle votre fille ? (Élisa lui présente son enfant de loin.)

LOCKER, apercevant la Bible que Tom tient à la main.
Il va mentir aussi... mais je veux qu'il mente, la main sur la Bible... Allons, vieil hypocrite... jure à présent que cette femme n'est pas ta fille. (Tom regarde sa fille et pleure.)

LOCKER.
Il ne s'agit pas de pleurer, mais de répondre... la Bible est ouverte... ta main est sur la Bible... jure, maudit, jure, cette femme est-elle ta fille ?

TOM.
Oui.

ÉLISA.
Perdus, nous sommes perdus !

TOM, tombant à genoux.
Pardonne-moi, ma fille... mais je ne peux pas mentir à Dieu !

SAINT-CLAIR.
Tom, relevez-vous... on ne vous prendra pas vos enfants. (A Locker.) Que voulez-vous de cette femme et de son fils ?... Parlez... mon portefeuille est ouvert.

LOCKER.
Refermez-le, Monsieur...

MARKS.
Comment, tu refuses ?

LOCKER.
L'enfant appartient à Halley, lui seul a le droit de le vendre. Quant à cette femme... à cause d'elle, on m'a menacé, insulté, on a parlé de me jeter à fond de cale... et pour moi la vengeance passe avant l'intérêt... Cette femme est à moi, je la garde. (Élisa traverse.) Son enfant m'appartient, je le veux, et de ce moment c'est à moi, à moi seul, que le capitaine Kentucky doit aide et protection.

ÉLISA.
C'est impossible... dites donc à cet homme qu'il a menti.

KENTUCKY.
Comme tout citoyen de l'Union je dois, quoi qu'il m'en coûte, obéissance à la loi.

ÉLISA.
Oh ! ils n'avaient donc pas d'enfants, pas d'entrailles, ceux qui ont permis qu'on séparât le fils de sa mère... et vous, vous tous, vous m'abandonnez ? (Embrassant Henri.) Pauvre petit... tu n'as plus que moi pour te défendre... Vous ne pouvez rien, n'est-ce pas ? rien pour moi... les hommes m'ont condamnée !... Eh bien ! du jugement des hommes, j'en appelle au jugement de Dieu ! (A Locker.) Tu as vendu mon enfant, marchand de chair humaine, viens donc me le prendre !... (Saisissant Henri, Élisa, folle de désespoir, s'élance sur le bastingage, dans l'attitude d'une femme qui va se précipiter dans le fleuve. — Mouvement de terreur. — Le rideau baisse sur ce tableau.)

ACTE IV.

SIXIÈME TABLEAU.

La chambre d'Évangeline.

Deux portes latérales, droite et gauche, à portière relevée. — A gauche, premier plan, une table, deux chaises, à droite, un grand fauteuil, le fond ouvert par deux rideaux, laissant voir un magnifique parterre. — A gauche, premier plan, un guéridon et des flacons d'odeur dessus. Ici, à gauche, une cheminée et cordon de sonnette.

SCÈNE PREMIÈRE.

JEANNE, jeune servante anglaise.
Tom... Tom... où donc est-il, ce vieux ?... encore dans quelque coin du jardin, occupé à lire sa Bible ou à regarder passer les nuages... Depuis un mois que M. Saint-Clair l'a installé ici ce bonhomme ne fait pas autre chose. Mademoiselle Évangeline en raffole; elle a voulu que son oncle Tom fût soigné, vêtu comme un intendant; si ce n'était sa figure noire, on le prendrait vraiment pour un pasteur... Parlez-moi de l'autre acquisition de M. Saint-Clair, de ce petit être moitié singe, moitié nègre, qui répond au nom d'Adolphe... Celui-là ne fait rien ne plus à la maison... mais il est amusant... Voyez si ce Tom viendra. (Appelant encore.) Tom !... Tom !

SCÈNE II.

JEANNE, TOM.

TOM, venant du fond, des fleurs à la main.
Me voilà, miss.

JEANNE.
C'est heureux... où étiez-vous ?

TOM.
Dans le jardin.

JEANNE.
J'en étais sûre... qu'y faisiez-vous ?

TOM.
Je cueillais ces fleurs pour miss Évangeline.

JEANNE.
C'est un service commode que celui que vous faites ici... vérité, M. Saint-Clair a d'étranges idées... traiter un nègre comme un homme... ça ne se voit que chez lui... Mademoiselle désire faire une promenade; elle ne veut être accompagnée que par vous, et, si ridicules que soient ses caprices, il faut s'y soumettre... son père le veut.

TOM.
Je suis prêt.... Comment se porte miss Évangeline, ce matin ?

JEANNE.
Mais bien, très-bien... Je ne l'ai jamais vue si vive, si impatiente.

TOM, à lui-même.
Non... elle n'est pas bien.

JEANNE.
Hein !... Prétendez-vous connaître son état de santé mieux que M. Saint-Clair et que le docteur Peterson ?

TOM.
Maître ne voit pas et le docteur ne sait pas.

JEANNE.
Vous dites ?...

TOM.
Miss Évangeline a mal dormi cette nuit.

JEANNE.
Qu'en savez-vous ?

TOM.
Je l'ai entendue se lever... puis se promener dans sa chambre.

JEANNE.
Voilà qui est fort... Vous avez entendu cela, et moi qui couche dans le cabinet de mademoiselle, je ne me suis aperçue de rien.

TOM.
C'est tout simple... Vous avez dormi... moi, j'ai veillé.

JEANNE.
Où étiez-vous ?

TOM, montrant la porte extérieure.
Là... sur ce tapis, au seuil de la porte... Je ne me suis retiré qu'au jour, quand il ne s'est plus fait de bruit dans cette chambre.

JEANNE.
Vous avez rêvé tout cela.

TOM.
Non... miss Évangeline est malade... j'en suis sûr... je le sais bien... On souffre, voyez-vous, des souffrances de ceux qu'on aime, et je n'ai plus que miss Évangeline à aimer.

SCÈNE III.

LES MÊMES, ÉVANGELINE, elle est pâle, amaigrie, et paraît affaiblie.

ÉVANGELINE, entrant de droite, et venant s'asseoir à gauche, soutenue par miss Jeanne.
Miss Jeanne, voici une lettre qu'il faut envoyer à la poste de suite.

JEANNE.

...ne lettre...

ÉVANGELINE.

...lle n'est pas de moi, elle est de Tom.

TOM.

...e moi?

JEANNE.

...ous savez écrire, vous?

ÉVANGELINE, *souriant.*

...um! hum! hier, j'ai vu Tom essayant de tracer des lettres, ...mots sur une ardoise; il n'y réussissait guère... Il m'avoua ...l voulait écrire à madame Shelby, son ancienne maîtresse.

TOM.

...y ai renoncé, Miss.... je ne pourrai jamais.

ÉVANGELINE.

...u voulais apprendre à madame Shelby tout ce qui s'est passé ...le paquebot, puis, lui rappeler la promesse qu'elle t'avait ...e t'envoyer de l'argent pour te racheter... Eh bien! je me ...souvenue de tout cela, j'ai écrit ta lettre, et je l'envoie à ...te... Es-tu content? *(Elle donne la lettre à miss Jeanne.)*

TOM.

...h! Miss... *(Il prend sa main qu'il porte à ses lèvres, à part.)* ...mme elle est brûlante, cette main;

JEANNE, *à Tom.*

...omment, vous voulez vous faire racheter? Est-ce que vous ...es pas bien traité ici?

ÉVANGELINE, *à elle-même.*

...ui, il sera bien dans cette maison, tant que j'y serai!... ...s... *(Haut.)* Tom, combien faut-il de temps pour qu'une ré...se arrive?

TOM.

...n mois.

ÉVANGELINE, *à elle-même.*

...uis l'argent ne sera peut-être pas prêt... *(Se levant, haut.)* ...ons... tu ne partiras pas avant moi.

TOM, *la regardant.*

...vant vous?

ÉVANGELINE.

...u ne me quitteras pas, Tom... ce sera moi qui te quitterai.

TOM.

...e quitter, vous!

JEANNE, *à Tom.*

...ans doute... Monsieur a parlé, l'autre soir, de faire avec ...emoiselle un voyage en Italie, et certes il ne vous emmè-...a pas.

ÉVANGELINE, *à part.*

...auvre père! *(Haut.)* Viens, Tom... la mer doit être bien belle ...urd'hui.

TOM, *la regardant toujours.*

...y a loin, Miss... Vous avez passé une mauvaise nuit... puis, ...nd vous marchez, à présent, vous vous fatiguez bien vite.

ÉVANGELINE, *à mi-voix.*

...bas, nous aurons la brise... ici, je ne respire plus... Viens, ...s vite.

TOM, *la suivant, et à part.*

...h! je parlerai au maître, tout à l'heure. *(Ils sortent par le ...à gauche.)*

SCÈNE IV.

JEANNE, *puis* ADOLPHE.

...trange petite fille... *(Elle sonne.)* Ce vieux Tom l'a ensorce-...vraiment. *(Elle sonne.)* A la place de monsieur, je ne souf-...ais pas... Ce drôle d'Adolphe viendra-t-il à la fin? *(Elle sonne ...fort.)*

...PHE, *entrant de gauche, en mettant le nœud de sa cravate, il ... est élégamment vêtu.*

...i est-ce qui se permet de sonner comme ça?

JEANNE.

...'est moi.

ADOLPHE.

...h!... une domestique... je l'aurais parlé... Monsieur y au-...mis plus de distinction... plus d'égards. *(Il va se placer de-...une glace.)*

JEANNE.

...as-tu donc t'habiller dans la chambre de mademoiselle?

ADOLPHE.

...n aurait dû me faire arranger la mienne dans ce goût-là...

JEANNE.

Avance ici?...

ADOLPHE, *toujours devant la glace.*

Tenez... vous êtes cause que le nœud de ma cravate man-quera d'élégance... Je n'ai pas même eu le temps de parfumer mon mouchoir... C'est affreux, parole d'honneur. *(Il tire de sa poche un mouchoir de batiste.)*

JEANNE.

Dieu me pardonne, c'est de la batiste.

ADOLPHE.

Je ne peux supporter que ça.

JEANNE.

Et il empeste l'eau de Portugal.

ADOLPHE.

Monsieur ne se servait plus d'eau de Cologne, je l'ai suppri-mée aussi...

JEANNE.

Venez donc un peu... Cette cravate, ce mouchoir sont à mon-sieur.

ADOLPHE.

Sans doute...

JEANNE.

Comment, drôle... cette pommade... est aussi celle de mon-sieur.

ADOLPHE.

Il faudra qu'il en change... elle est mauvaise... elle ne peut pas faire tenir mes cheveux lisses... et les boucles m'ennuient.

JEANNE.

Ses cheveux... Et M. Saint-Clair souffre cela?

ADOLPHE.

M. Saint-Clair est un maître comme il faut et comme il me le fallait... Je ne l'aurais pas pris s'il ne m'avait pas convenu sous tous les rapports...

JEANNE.

Faquin!...

ADOLPHE.

Ne vous fâchez pas, miss Jeanne... et quoique vous soyez d'une nuance un peu fade... on sera gentil avec vous.

JEANNE.

Insolent... prenez cette lettre.

ADOLPHE, *s'asseyant près de la table.*

Lisez.

JEANNE.

Hein!

ADOLPHE.

Lisez-la-moi.

JEANNE.

Elle n'est pas pour vous, mauvais mauricaud, prenez et por-tez-la à la poste.

ADOLPHE.

Attendez.

JEANNE.

Attendre quoi?

ADOLPHE.

Que j'aie mis mes gants.

JEANNE.

Encore les gants de monsieur!

ADOLPHE.

Je les lui ai laissé mettre une fois... Il ne me les a pas trop élargis.

JEANNE.

Oh! si tu m'appartenais...

ADOLPHE.

Vous me mettriez dans du coton...

JEANNE.

Je te battrais.

ADOLPHE.

Oh! vous abîmeriez ce joli petit Adolphe... Vous avez trop bon goût... et une trop petite main pour cela.

JEANNE.

Décidément, il est moins brute que les autres... et puis, il est d'un beau noir. *(Haut.)* Cours vite à la poste, je vais ranger chez Mademoiselle.

(Elle sort en riant par la droite, premier plan.)

SCÈNE V.

ADOLPHE, *puis* GEORGES.

Courir... de cette chaleur-là... ma foi non... Je suis bien

ici... et j'y reste... Un autre ira se brûler au soleil. (Il sonne.) Il n'y a donc pas de domestiques ici...
(A ce moment, Georges, toujours vêtu en gentleman, paraît au fond.)

GEORGES.
Je n'ai en effet rencontré personne du vestibule à cet appartement.

ADOLPHE.
Un étranger... déployons nos belles manières. (Haut.) Monsieur désire voir monsieur?

GEORGES.
Non; je ne voudrais pas qu'on dérangeât M. Saint-Clair. Si on ne m'a pas trompé, il a acheté dernièrement...

ADOLPHE, qui le regarde attentivement.
Tiens... tiens...

GEORGES.
Un esclave appelé Tom!

ADOLPHE, vivement.
Que vous connaissez.

GEORGES.
Un peu, et j'aurais voulu parler à ce vieillard.

ADOLPHE.
Il est parti, mais je puis t'en donner des nouvelles... ami Georges.

GEORGES.
Chût!

ADOLPHE.
Et je lui parlais casquette bas! Mais tu n'es qu'un nègre, mon cher. (Il remet sa casquette.)

GEORGES.
Tais-toi, malheureux!

ADOLPHE.
(On entend sonner au-dehors.)
C'est monsieur qui m'appelle, ne t'inquiète pas, je serai discret... Diable, dans ce pays-ci, il ne fait pas bon pour les esclaves marrons. (On sonne.) Tiens, monsieur s'impatiente aujourd'hui, ah! il ne faut pas qu'il prenne de ces habitudes-là.

SCÈNE VI.
LES MÊMES, SAINT-CLAIR.

SAINT-CLAIR.
Tu ne m'entends donc pas?...

GEORGES.
Pardonnez-lui, Monsieur, c'est moi qui l'ai retenu.

SAINT-CLAIR.
Je suis à vous, Monsieur. (A Adolphe.) Où est Évangeline?

ADOLPHE.
Sortie avec Tom.

SAINT-CLAIR.
Aussitôt qu'elle rentrera... dis-lui que je l'attends ici, chère enfant, je ne l'ai pas encore embrassée ce matin... Tiens, emporte cela. (Il lui remet son chapeau de paille.)

ADOLPHE, regardant le chapeau.
Voilà un chapeau qui m'ira très-bien... (Il sort par le fond.)

SAINT-CLAIR, à Georges.
Monsieur, vous êtes étranger, je le vois,... En quoi puis-je vous être utile?

GEORGES.
Tout à fait inconnu de vous, Monsieur, je ne me serais pas permis de me présenter à votre hôtel, si je n'avais su y trouver un esclave nouvellement acheté par vous.

SAINT-CLAIR.
Tom, peut-être?

GEORGES.
Oui, Monsieur... Cet esclave avait une fille.

SAINT-CLAIR.
Nommée Élisa, et un petit-fils nommé Henri.

GEORGES, avec émotion.
C'est bien cela.

SAINT-CLAIR.
Vous vous intéressez à cette famille?

GEORGES.
Moi... je... Oui, je m'y intéresse à cause d'un malheureux... Pardon, Monsieur, ce serait toute une histoire à vous conter, et je craindrais d'abuser...

SAINT-CLAIR, lui montrant un siège.
Parlez, Monsieur, parlez, je vous écoute.

GEORGES.
J'étais, le mois dernier, dans le Canada, le hasard me fit faire la connaissance d'un esclave échappé du Kentucki et qui, à travers mille obstacles, mille dangers, était parvenu à toucher le sol canadien. Si vous aviez vu la joie de Georges!

SAINT-CLAIR.
Georges...

GEORGES.
Il s'appelle Georges, Monsieur. Pendant les premiers jours, il était fou... Ce n'était pas de la joie, c'était du délire... Il était libre.

SAINT-CLAIR.
Et la liberté est le rêve de tous les nègres.

GEORGES.
C'est que, pour Georges, ce n'était pas un vain mot; c'était le droit de racheter un jour, par son travail, sa femme et son enfant. Un jour, il était sur la grève... Le paquebot s'arrête à sa station habituelle... Une foule inaccoutumée entoure le navire. Quelque chose d'extraordinaire venait de se passer à bord... Georges se laisse entraîner par un flot de curieux... Il écoute, on parlait d'une scène violente pendant le long voyage... Un enfant avait été enlevé à sa mère... et la pauvre femme, ne pouvant survivre à cette séparation, s'était précipitée dans le fleuve... D'où venait cette femme? Du Kentucki. Comment s'appelait-elle? Élisa. Georges n'en entendit pas davantage, il tombe comme foudroyé... Le lendemain, une fièvre ardente s'empare de lui... Quand avec la raison, la force lui fut revenue... il voulut courir s'informer; mais, quinze jours s'étaient écoulés, l'incident du paquebot était déjà oublié et le navire était reparti. On avait la liste des voyageurs. Sur cette liste Georges chercha vainement le nom de la pauvre mère et de son fils, et mais il lut celui de Tom ayant appartenu à M. Shelby appartenant à M. Saint-Clair, et descendu à la Nouvelle-Orléans. Alors, Georges, voulant à tout prix connaître la vérité résolut de quitter la terre libre et de rentrer dans les États esclaves.

SAINT-CLAIR.
Le malheureux n'a pas fait cela?

GEORGES, avec calme.
Non, Monsieur, touché de sa douleur, je lui proposai de le remplacer, mes affaires m'appelaient précisément dans cette ville, où j'ai facilement trouvé votre adresse... On m'a dit Monsieur, que vous étiez bon et charitable, j'ai donc cru pouvoir ne pas attendre le retour de Tom; vous étiez avec lui sur le paquebot; ce qu'il sait, vous le savez aussi, ce qu'il m'aurait appris, vous aurez la bonté de me l'apprendre. Georges compte les minutes, Monsieur, c'est un mari, c'est un père qui attend la vie ou la mort... C'est en son nom que je vous supplie.

SAINT-CLAIR.
Monsieur, je puis en effet vous donner les renseignements que vous cherchez, et je suis heureux que mon pauvre Tom n'ait point à vous raconter les déplorables scènes dont il fut ainsi que moi le témoin.

GEORGES.
Cette Élisa...

SAINT-CLAIR.
C'était sa fille, Monsieur, c'était bien la femme de Georges.

GEORGES.
Elle est morte... morte!... (Et il cache sa tête dans ses mains.)

SAINT-CLAIR, avec surprise.
Vous pleurez, Monsieur.

GEORGES, comme revenant à lui.
Moi... non, Monsieur, je vous écoute.

SAINT-CLAIR, à part.
Je me trompais...

GEORGES.
Par pitié, Monsieur...

SAINT-CLAIR.
Eh bien, Monsieur, Élisa s'était enfuie comme son mari, mais, moins heureuse que lui, elle fût reconnue et arrêtée sur le paquebot par l'homme qui la poursuivait... Il lui reprit à bord son fils qu'il avait déjà vendu, disait-il, et qu'il devait livrer à l'acquéreur.

GEORGES.
L'infâme!

SAINT-CLAIR.
Infâme... oui, Monsieur, bien infâme, mais il invoquait la loi et nul ne se révolte contre elle... égarée par la douleur Élisa saisit son enfant et voulut avec lui se précipiter dans l'abîme; mais, épuisée par ce dernier effort, elle s'évanouit et toujours impitoyable, son bourreau, lui avait enlevé son fils

...nt qu'elle revînt à la vie... Nous redoutions son désespoir, ...is, quand elle rouvrit les yeux, et que, cherchant son fils ... ne le trouva plus à ses côtés, il sembla qu'avec cet enfant ... âme l'avait quittée; nous étions autour d'elle, elle ne ...ait personne... Son père l'appelait avec des sanglots, elle ...ntendait rien. J'éloignai le pauvre Tom que ce spectacle ...rait tué, et je me tins silencieusement sur le pont. La nuit ...t, tous les bruits s'éteignirent sur le paquebot... On n'en-...dait plus que les sanglots étouffés de la pauvre mère. Peu ... eu ces sanglots eux-mêmes se turent... Jusque-là, je n'avais ... quitté Élisa des yeux. En la voyant si résignée, je cédai à la ...igue... mes paupières s'appesantirent. Je voyais toujours ...sa; mais comme à travers un nuage, il me sembla que le ... devenait tout à coup orageux et sombre, qu'Élisa se levait, ...ardait autour d'elle, gagnait doucement le bord du navire, ...s, montant sur le bastingage, elle s'élançait dans le fleuve. ... croyais le jouet d'un horrible rêve. Un bruit semblable ...elui que ferait un corps en tombant à l'eau, me réveilla. Je ...rus à la place où j'avais laissé Élisa, la place était vide, ce ...tait plus un rêve, Monsieur, c'était la vérité.

GEORGES.

...lisa! Élisa! (Il fait signe à Saint-Clair qui s'est levé, de con-...uer.)

SAINT-CLAIR.

... mes cris, on accourut. Deux canots furent mis à la re-...rche de l'infortunée, mais tout fut inutile. Le capitaine ...lucki, qui avait voulu lui-même commander un de ses ...ots et qui ne nous rejoignit qu'après plusieurs heures de ...rageux efforts nous affirma que tout espoir était perdu. Tom ...trouvé, dans sa touchante piété, le courage de supporter le ...p qui est venu frapper sa vieillesse. Puisse Georges imiter ... résignation!

GEORGES, se levant.

... l'âge de Georges, on ne se résigne pas, Monsieur, on se ...ge. Puis Georges, encore son fils... on le lui a pris, mais il ...t le retrouver... on l'a vendu, mais il peut le racheter.

SAINT-CLAIR.

...ans doute...

GEORGES.

...avez-vous à quelle station on a séparé le fils de la mère?

SAINT-CLAIR.

...arfaitement; à la station de Louisville.

GEORGES.

...aintenant, une dernière question, Monsieur... Le nom... le ... de l'homme qui a vendu l'enfant et qui a tué la mère?

SAINT-CLAIR.

...e misérable se nomme Locker.

GEORGES.

...ocker?

SAINT-CLAIR.

...ue pouvez-vous avoir à démêler avec un pareil homme?

GEORGES.

...oi... rien... mais Georges lui demandera peut-être compte ...jour des larmes de son fils et du sang de sa femme.

SCÈNE VII.

...MÊMES, ADOLPHE, entrant en courant et sans voir Saint-Clair.

ADOLPHE.

...eorges! Georges! père Tom vient d'arriver.

SAINT-CLAIR, à part.

...eorges. — C'était lui.

ADOLPHE, apercevant Saint-Clair.

...h! le maître était encore là!

GEORGES, à part.

... suis perdu.

SAINT-CLAIR, avec calme.

... ne te croyais pas si bavard, mon pauvre Adolphe, tu ...en outre sourd et aveugle... Approche et regarde bien ...nsieur que tu prends, je crois, pour un autre, regarde-le ..., tu ne le connais pas.

ADOLPHE.

...h!

SAINT-CLAIR.

...u ne le connais pas. — Monsieur se nomme Charles Réade, ...ite le Canada et voyage pour le commerce de pelleterie. ...magnifiques fourrures que tu admirais l'autre soir dans ma ...mbre, m'ont été fournies par M. Charles Réade, qui vient ...réclamer le prix.

GEORGES.

Que dit-il?

ADOLPHE.

J'ai donc la berlue...

SAINT-CLAIR.

Votre facture, que vous m'avez remise acquittée, s'élève, je crois, à 1,000 dollars, je les ai justement là dans mon porte-feuille... les voici. (Il tend des billets à Georges.)

GEORGES.

Mais, Monsieur... je ne suis pas...

SAINT-CLAIR, avec intention.

Vous n'êtes pas Georges, puisque je vous appelle Charles Réade, vous n'êtes pas un esclave révolté contre nos lois, puisque je vous accueille dans ma maison, enfin vous n'êtes pas un sang mêlé, puisque moi qui suis de race pure, je vous touche la main.

GEORGES, s'inclinant sur la main de Saint-Clair.

Oh! monsieur.

SAINT-CLAIR, qui lui a donné les billets.

Voilà nos comptes réglés. — Vous allez à Louisville, n'est-ce pas?

GEORGES.

Oui, Monsieur, là d'abord.

SAINT-CLAIR.

Le paquebot qui vous y conduira part aujourd'hui, dans une heure. Ne restez donc pas dans notre ville. Un jour de retard pourrait vous faire manquer l'importante acquisition que vous avez projetée et que vous mènerez à bonne fin, je l'espère.

GEORGES.

Je pars, Monsieur, en emportant avec moi un souvenir qui ne s'effacera plus de mon cœur.

SAINT-CLAIR.

Vous vous rappellerez bien... Louisville?

GEORGES.

Louisville et Locker.

SAINT-CLAIR.

Croyez-moi, ne vous souvenez que d'un de ces noms! — Oubliez l'autre.

GEORGES.

Je me souviendrai de tous deux. (Il s'incline encore une fois et sort par le fond à droite.)

SCÈNE VIII.

SAINT-CLAIR, ADOLPHE, puis TOM.

SAINT-CLAIR, le suivant de près.

Brave jeune homme! que sa bonne étoile le guide et le protège! (Bruit au dehors.) Qu'est-ce que cela?

ADOLPHE, qui a regardé par le fond.

Ce n'est rien, Monsieur, que la vieille mère Prouë, une négresse qui apporte ici des pâtisseries et qui se grise si fort, qu'elle tombe parfois dans les maisons d'où l'on ne peut plus la faire sortir. — Je vais chasser cette vilaine bête, pour que miss Évangéline ne la voie pas, en traversant la cour.

TOM, qui est entré de gauche, premier plan, sur les derniers mots d'Adolphe.

Miss Évangéline ne laissera pas chasser la pauvre vieille...

SAINT-CLAIR.

Je défends aussi qu'on la maltraite, tu m'entends?

ADOLPHE.

Cela suffit, Monsieur. (À part.) C'est égal... nous commençons à voir ici une bien mauvaise société. (Il sort par le fond à droite.)

SAINT-CLAIR.

Qu'est-ce que cette femme?

TOM.

Esclave chez un maître impitoyable, la mère Prouë cherche dans l'ivresse l'oubli de ses malheurs; hier elle s'est endormie dans un coin de votre remise... On vient de l'y trouver et on l'aurait battue, si mademoiselle Évangéline n'était arrivée pour la protéger.

SAINT-CLAIR.

Chère enfant! toujours bonne.

TOM.

Oh! oui... bien bonne.

SAINT-CLAIR.

En venant ici tu n'as pas rencontré...

TOM.

Je n'ai rencontré personne.

SAINT-CLAIR.
Georges était chez moi tout à l'heure...
TOM.
Georges !
SAINT-CLAIR.
Le mari de ta fille... Au péril de sa vie, le pauvre garçon s'est mis à la recherche du petit Henri, et il emporte de quoi le racheter, si le hasard lui vient en aide.
TOM.
Pauvre Georges ! il remplit son devoir de père. — Dieu est bon, il lui rendra son enfant et il vous gardera l'ange qu'il a fait descendre dans votre maison.
SAINT-CLAIR.
Que veux-tu dire ?
TOM.
Las! maître, j'étais venu à vous pour vous confier mes craintes...
SAINT-CLAIR.
Des craintes ?
TOM.
Et voilà qu'au moment de parler, la résolution me manque... puis je me trompe... peut-être... oui, je me trompe. Dieu qui vous a donné cet enfant ne peut pas vouloir vous le reprendre. Il m'a pourtant pris ma fille, à moi.
SAINT-CLAIR.
Tom, expliquez-vous, je le veux. — Il s'agit d'Evangeline, n'est-ce pas ?
TOM.
Oui, Monsieur.
SAINT-CLAIR.
Eh bien ?
TOM.
Eh bien, je voulais vous demander si vous n'avez pas remarqué, comme moi, l'éclat des joues de l'enfant. Ses mains sont toujours sèches et brûlantes. Elle s'affaiblit chaque jour et respire à peine.
SAINT-CLAIR.
Le docteur attribue ce malaise à une croissance rapide, à une organisation nerveuse...
TOM.
Oui, ce doit être cela.
SAINT-CLAIR.
Tu cherches à me rassurer. C'est maintenant que tu me trompes ; vous autres, vous ne lisez pas dans les livres, mais vous avez des voix secrètes qui vous instruisent. Dans tes extases, peut-être as-tu découvert l'avenir. Je n'ai jamais cru à tes pieuses illusions ; mais aujourd'hui je me sens faible, car j'ai peur. Parle donc ; je le veux.
TOM.
Vous l'avez dit, Monsieur, je suis un pauvre homme qui ne sais rien que ce que mon cœur m'a appris... que ce qu'une vie déjà longue m'a révélé. — Quand je regarde miss Evangeline ! quand je l'écoute... je suis comme vous, maître, j'ai peur. — Hier, miss m'avait ordonné de la conduire, comme tous les soirs, au bord de la mer. Nous étions assis sur un banc de mousse. — La Bible de miss Evangeline était ouverte sur ses genoux. — Elle lisait ces vers que nous avions appris ensemble :

Oh ! si des beaux matins j'avais les ailes d'or
Je partirais bientôt pour la sphère éternelle,
Et les anges de Dieu guideraient mon essor
  Vers la Jérusalem nouvelle.

Puis elle dit : Tom, où est la Jérusalem nouvelle ? Au-dessus des nuages, Miss... Ah ! oui, dit-elle, il me semble la voir. Mais je pleurais, Monsieur ; alors elle me prit la main et regarda fixement le ciel : la clarté du soir entourait ses joues et ses cheveux comme d'une auréole divine... Je vais-là, dit-elle !... Oui je vais-là, — là !... Alors pardonnez-moi, Monsieur, je la saisis dans mes bras — comme pour l'y retenir, car il me semblait que l'ange allait ouvrir ses ailes.
SAINT-CLAIR, *immobile d'abord, puis pleurant*.
Oh ! ma fille ! ma fille ! (*Il sort en courant par le fond à gauche.*)

SCÈNE IX.

TOM, *seul*.

Pauvre maître ! je lui ai fait bien du mal ! mais ne fallait-il point lui dire la vérité que chacun semble ici vouloir repousser, — Jusqu'au médecin qui prétendait hier que ce ne serait rien. — Rien !

SCÈNE X.

TOM, ADOLPHE.

ADOLPHE, *essoufflé*.
Père Tom ! père Tom !
TOM.
Qu'y a-t-il ?
ADOLPHE.
Miss Evangeline !...
TOM.
Eh ! bien ?
ADOLPHE.
On la rapporte.
TOM.
Qu'est-il donc arrivé ?
ADOLPHE.
Miss avait voulu accompagner la mère Proue jusque chez son maître pour qu'elle ne fût pas battue, mais le méchant, en voyant la pauvre vieille dans l'état où elle était, s'est élancé sur elle et l'a frappée si fort... qu'elle est restée sans mouvement par terre et qu'on a dit : elle est morte. — Miss Evangeline n'a pu résister à son émotion, elle s'est évanouie... et tenez, la voilà...

SCÈNE XI.

LES PRÉCÉDENTS ; SAINT-CLAIR *apporte Evangeline dans ses bras et la dépose sur le fauteuil* ; QUELQUES ESCLAVES DES DEUX SEXES.

SAINT-CLAIR.
Vite un fauteuil, mon enfant bien-aimée ?
EVANGELINE.
Ce n'est rien père, rassure-toi !
SAINT-CLAIR.
Le médecin... vite ! vite !
EVANGELINE.
C'est inutile, père, bien inutile, je t'assure.
SAINT-CLAIR, *bas à Adolphe*.
Allez ! (*Adolphe sort.*)
EVANGELINE.
Père !
SAINT-CLAIR.
Mon enfant !
EVANGELINE.
J'ai bien souffert, tout à l'heure, quand cette pauvre femme a crié... quand j'ai vu tout ce qu'endurent ces malheureux esclaves, oh ! j'ai senti que je voudrais pouvoir mourir pour eux, si ma mort pouvait mettre un terme à tant de misère !
TOM, *à Saint-Clair qui chancelle*.
Maître, contenez-vous.
EVANGELINE.
Père, il y a des confidences que je veux te faire depuis longtemps... et qu'il faut que tu entendes avant que je sois plus malade... Vois-tu, beaucoup de choses m'affligent ici...
SAINT-CLAIR.
Dis-moi le sujet de tes peines, ange aimé ?
EVANGELINE.
Je suis triste de songer que nos pauvres serviteurs, qui ont tant d'amitié pour moi, resteront toujours esclaves ! Je voudrais qu'ils fussent libres, et Tom, oh ! Tom le premier !...
SAINT-CLAIR.
Evangeline, tu mérites bien ton nom.
EVANGELINE.
Faites cela pour moi, avant... avant que je vous quitte.
SAINT-CLAIR.
Me quitter... toi, mon ange adoré... Oh ! non !... non !.. Evangeline, tu souffres donc bien ?
EVANGELINE.
Non... je n'aurais pas la force de souffrir... Père, dis-moi que tu feras ce que je te demande, et je serai bien heureuse.
SAINT-CLAIR.
Tout ce que je possède est à toi...
EVANGELINE.
Merci (*Saint-Clair fait signe aux esclaves d'approcher*) ; vous l'avez entendu... Un jour vous reverrez vos familles, votre pays... Pauvres gens... Père... ces longues boucles me gênent... tu en étais fier, je le sais, mais mon front ne peut plus les porter, tiens, coupe-les moi...
SAINT-CLAIR.
Comment, tu veux ?...

ÉVANGÉLINE.

e t'en prie... (*Tom passe des ciseaux à Saint-Clair qui coupe lques boucles.*)

ÉVANGÉLINE, *aux esclaves.*

Approchez... Vous m'avez tous aimée... Je veux que vous emportiez un souvenir de moi... Tenez, pour chacun de vous, une boucle de mes cheveux... Quand vous la regarderez, pensez à Angeline qui vous aimait (*les nègres baisent le bas de sa robe,* *om*), pour toi la plus belle...

SAINT-CLAIR.

Enfant, tu me déchires le cœur !...

ÉVANGÉLINE.

A présent, père, embrasse-moi, car mes yeux se ferment, je is que je vais dormir... oui, dormir, comme on dort dans le l. (*Elle s'évanouit dans les bras de Saint-Clair.*)

SAINT-CLAIR.

Ma fille, mon enfant, elle ne m'entend plus !

SCÈNE XII.

LES MÊMES, LE MÉDECIN.

ADOLPHE, *entrant.*

Le médecin !

MÉDECIN *va droit à Évangéline, en écartant doucement tout le monde ; il touche le bras de la jeune fille et rassure du geste ceux ui l'entourent. Saint-Clair est absorbé dans sa douleur.*

C'est une crise terrible... mais un miracle peut encore sauver l'enfant...

TOM, *bas au médecin.*

Mon maître ne croit pas aux miracles !...

LE MÉDECIN, *gravement.*

Transportez miss Évangéline dans sa chambre. (*Sur un geste médecin, on emporte Évangéline dans sa chambre. Il sort. Tous nègres l'accompagnent; se retournant vers eux.*) Attendez... (*Il l. Les noirs se groupent silencieusement près la porte du fond.*)

SCÈNE XIII.

LES PRÉCÉDENTS, *moins* LE MÉDECIN *et* ÉVANGÉLINE.

SAINT-CLAIR, *sortant de son abattement, dit à Tom.*

Elle va mourir ! elle, ma fille... Je donnerais ma fortune, n sang à qui la sauverait... et elle va mourir...

TOM.

Mon cher maître, priez et croyez...

SAINT-CLAIR.

Prier, croire ! quand ma fille se meurt... Oh ! je ne peux pas, ne peux pas.

TOM.

Incrédule ! même auprès de ce lit de douleur ! votre fille respire encore, un miracle peut vous la rendre, et ce miracle vous l'espérez pas, vous ne le demandez pas ! Seigneur, j'ai bien souffert et je n'ai pas douté, j'ai perdu mes enfants, et je n'ai désespéré, car vous êtes juste, miséricordieux; Seigneur, miracle ; laissez aux pauvres esclaves l'ange de charité qui console; laissez au maître sa fille bien-aimée pour qu'il se à votre justice, pour qu'il croie à votre miséricorde.

SAINT-CLAIR.

Oh ! ma mère m'avait appris la prière, mais je ne sais plus... ne sais plus prier... (*Il tombe à genoux.*) Mon Dieu, mon ur s'élance vers vous... Je crois, mon Dieu, je crois...

SCÈNE XIV.

LES MÊMES, LE MÉDECIN.

LE MÉDECIN, *rentrant.*

Sauvée !... elle est sauvée !...

SAINT-CLAIR.

Sauvée ! oh ! merci, Seigneur ! Évangéline... mon enfant, sauvée... Tom... mes amis, au nom d'Évangéline... vous êtes bénis...

(*Tom et les esclaves s'inclinent. — Tableau.*)

ACTE V.

SEPTIÈME TABLEAU.

La route souterraine.

Une salle basse d'une petite maison américaine. — Une fenêtre, premier plan, à droite, deuxième, id., une porte. — Une porte au fond, une cheminée, auprès, un fauteuil et derrière un guéridon. — A gauche, louxième plan, une porte. — Premier plan, une table sur laquelle est me lanterne non allumée et une lampe allumée.

SCÈNE PREMIÈRE.

KENTUCKY, RACHEL, MARIE.

(*Au lever du rideau, Kentucky est assis auprès de Rachel, qui tricote.*)

KENTUCKY.

Vous dites donc, ma bonne mistress Hollyday, que ma pauvre protégée va mieux ?

RACHEL.

Beaucoup mieux, je la crois en état de partir avec vous, si, comme vous me l'avez écrit, vous êtes toujours décidé à la conduire vous-même jusqu'au Canada.

KENTUCKY.

Certes, j'ai fait mon dernier voyage de la saison. J'ai quelques semaines à moi, et j'en profiterai pour ramener Élisa à son mari... Encore une fois, chère mistress, je vous remercie des soins que vous lui avez donnés depuis près de trois mois qu'elle est chez vous.

RACHEL.

Oh ! alors même que vous ne m'auriez pas recommandé Élisa, j'aurais tout fait pour venir en aide à cette digne créature, et ma petite ferme est, vous le savez, le plus sûr relai de ce qu'on appelle la route souterraine.

KENTUCKY.

Élisa est-elle prévenue de mon retour ?

RACHEL.

Marie est allée l'avertir... et, tenez, elle nous l'amène...

SCÈNE II.

LES MÊMES, ÉLISA, MARIE.

(*On voit paraître Élisa, pâle, abattue, amaigrie, soutenue par Marie, jeune fille de Rachel Hollyday.*)

RACHEL.

A présent, Marie, n'ouvre à personne, sans nous prévenir d'abord.

MARIE.

Soyez tranquille, ma tante. (*Pendant ces quelques mots, Marie a fait asseoir Élisa qui, toute à ses pensées, n'a semblé voir personne en entrant. — Sur un signe de Rachel, Marie sort.*)

KENTUCKY, *s'approchant d'Élisa.*

Élisa, ne me reconnaissez-vous pas ?

ÉLISA, *après l'avoir regardé.*

Si... Vous êtes le capitaine Kentucky ? (*Puis elle laisse retomber sa tête.*)

RACHEL.

C'est lui qui vous a sauvée...

ÉLISA.

Il aurait dû me laisser mourir, puisqu'il n'avait pu me conserver mon fils... (*Elle pleure.*)

RACHEL, *à Kentucky.*

Excusez-la, mon ami, la fièvre ne l'a quittée qu'hier, et sa tête est encore bien faible.

KENTUCKY.

Élisa... écoutez, et comprenez-moi bien... Lorsque, trompant la surveillance de M. Saint-Clair, vous vous êtes précipitée dans le fleuve, le premier je sautai dans un de mes canots... La nuit était orageuse et sombre... Après quelques minutes de recherches, je commençais à désespérer, quand à la lueur d'un éclair, je vous aperçus enfin ; courir à vous, vous ramener à bord, tout cela fut fait en un instant... Au lieu de vous conduire au paquebot où j'aurais dû vous rendre à cet infâme Locker... je gagnai le rivage... nous n'étions qu'à peu de distance de l'habitation de mistress Hollyday... Une fois chez elle, vous n'aviez plus rien à craindre. Aidé de mon matelot, je vous y transportai toute évanouie... Pour ne pas éveiller les soupçons... je retournai en toute hâte à bord, je déclarai que mes efforts avaient été inutiles, un acte mortuaire fut dressé, et je le signai... Cet acte pouvait me compromettre sans doute, mais il mettait un terme à toutes les poursuites, à toutes les persécutions.

RACHEL.

Ce matelot, qui était avec vous, sait qu'Élisa existe... s'il allait vous trahir ?

KENTUCKY.

Il faudrait pour cela que le gin et l'eau-de-vie luisissent perdre la raison, et Samuel est membre de la société de tempérance (*mouvement de doute de Rachel*), le brave garçon m'a accompagné. Il garde la petite barque sur laquelle nous descendrons le fleuve cette nuit... Quand je vous quitterai demain, pauvre femme, vous serez sur une terre libre et, je l'espère, dans les bras de votre mari.

ÉLISA.

Georges !...

KENTUCKY.

Oui, Georges qui vous attend, qui vous aime...

ÉLISA.
Il me demandera ce que j'ai fait de notre cher Henri...
KENTUCKY.
Conservez dans votre cœur le souvenir du pauvre petit, mais pour Dieu rappelez votre courage et votre énergie.
ÉLISA.
Du courage... je n'en ai plus; avec mon fils, ma vie s'en est allée... (Se levant.) Pourtant, je vous remercie... tous deux... de ce que vous avez fait pour moi. Vous avez été bon et charitable... Grâce à vous, il me reste encore une espérance... Le suicide est un crime devant Dieu, Dieu repousse les malheureux qui cèdent au désespoir; grâce à vous je ne serai pas maudite, — le ciel ne me sera pas fermé... Ce n'est que dans le ciel que je peux revoir et embrasser mon fils. (On entend frapper au dehors.)
KENTUCKI.
On frappe...
RACHEL.
Qui donc peut venir chez moi à pareille heure?
KENTUCKI, voyant entrer Marie.
Marie va vous l'apprendre.
MARIE, rentrant.
En entendant heurter si fort à notre porte, j'ai entr'ouvert un volet, il pleut à torrents, des voyageurs surpris par l'orage sont là qui demandent un abri... ne fût-ce que pour une heure.
KENTUCKI.
Impossible de refuser.
RACHEL.
Sans doute. (A Marie.) Va ouvrir à ces voyageurs, mais ne les laisse pas longtemps dans cette salle. — Élisa, il faut rentrer dans votre chambre et prendre le costume que je vous ai préparé.
KENTUCKI.
Moi je vais atteler le cheval à votre petite carriole; hâtez-vous, Elisa, Samuel, qui nous attend, compte les minutes.
ÉLISA.
Je serai prête.
RACHEL, à Kentucki.
Prenez cette lanterne et descendez par-là, vous serez plutôt dans la cour et vous ne rencontrerez pas ces voyageurs. — Vous Elisa venez, venez vite. (Elisa et Rachel sortent à gauche. — Kentucki à droite, demi-rampe; Marie rentre par le fond suivie de Tom et d'Adolphe.)

SCÈNE III.

MARIE, ADOLPHE, TOM.

MARIE.
Par ici, — mes amis. — Par ici, — reposez-vous, chauffez-vous.
TOM.
Merci, Miss.
ADOLPHE, entrant un foulard sur son chapeau, ses souliers à la main et son habit sous le bras.
Hum! hum! quel temps! je suis trempé jusqu'aux os.
MARIE.
Pourquoi avez-vous quitté votre chaussure? (Elle fait asseoir Tom près du feu.)
ADOLPHE, qui est en manches de chemise.
Oh! je suis très-bien mis quand il fait beau; mais je ne voulais pas salir mon superbe habit, mes jolis cocos. (Il met ses souliers.) Et de cette façon il n'y a eu que moi de mouillé, heureusement.
MARIE, à part.
La pluie tombe toujours... impossible de les renvoyer... N'oublions pas les recommandations de ma tante. (Haut.) Voilà le temps pris pour la nuit, je vais vous installer dans une autre chambre, vous y serez mieux qu'ici.
TOM.
C'est inutile, Miss,.. accordez-moi seulement quelques minutes de repos, puis, je redescendrai sur la grande place et j'y attendrai le jour.
ADOLPHE.
A quoi bon se presser si fort? pour moi j'accepterai volontiers une chambre et un lit, sitôt que je veille j'ai mauvaise mine... oui... ça me pâlit et je veux paraître au marché avec tous mes avantages.
MARIE.
Je comprends... on doit vous faire vendre demain.

ADOLPHE.
Me faire vendre... allons donc... je suis mon maître et je vends moi-même.
MARIE.
Vous vous vendez?
ADOLPHE.
Certainement et pas cher... mais il faut que je trouve acheteur à ma convenance... et je suis très-difficile.
MARIE.
Quel original!
ADOLPHE.
J'ai eu la main si heureuse sur le paquebot... Quel maître M. Saint-Clair!.. il était fait pour moi... il m'allait... comme ses gants. Oh! j'aurai bien de la peine à le remplacer.
MARIE, prenant la lumière, à part.
M. Kentucky ne peut pas tarder à remonter... (Haut.) vous voulez, je vais vous conduire à votre chambre.
ADOLPHE.
Elle est gentille cette petite, elle paraît attentive, soignée je la prendrais bien pour petite maîtresse si elle voulait.
MARIE.
Venez... (Elle le prend par la main.) Venez donc.
ADOLPHE, qui a regardé sa main.
Les jolies petites mains! je crois que je ne trouverai rien mieux que cela...

SCÈNE IV.

(La scène est dans l'obscurité, la flamme du foyer l'éclaire seule.)
TOM.
Bonne et chère Evangeline! grâce à vous je ne retournerai seul au pays, mais je n'y retrouverai pas ma fille... ma pauvre Élisa... morte... elle est morte!... Ils me l'ont dit ces hommes qui me montraient sur leur registre le nom de ma fille... j'espérais jusque-là... je n'espère plus à présent, et pourtant que nuit elle m'apparaît en rêve et ce n'est pas un cadavre je vois, non c'est mon Elisa... belle et souriante comme autrefois... (Il s'endort.) Oui, la voilà, la voilà encore ma fille bien aimée...

SCÈNE V.

TOM endormi, KENTUCKY, puis RACHEL, ÉLISA, puis MARIE.
KENTUCKY, rentrant doucement.
Plus de lumière... plus personne dans cette salle... (A la porte par laquelle Elisa est sortie et à demi-voix.) Mistress Hollyday!... mistress Hollyday.
RACHEL, paraissant.
Nous voici... la voiture est prête... Bien... Elisa... fermez votre mante... embrassez-moi encore... et partez...
MARIE, rentrant et fermant la porte.
A l'autre à présent. (Haut.) Quand vous voudrez je... (apercevant Élisa.) Oh! vous ici!
RACHEL.
A qui parlais-tu donc?
MARIE.
A celui des deux voyageurs que j'ai laissé ici et qui m'attendait pour... (Allant à la cheminée.) Tiens,.. ce pauvre homme s'est endormi.
KENTUCKY.
Nous n'étions pas seuls... (A Marie.) Connaissez-vous ce voyageur?
MARIE.
C'est un esclave émancipé par M. Saint-Clair, à ce que vient de m'apprendre son camarade qui est là haut.
ÉLISA.
Un esclave de M. Saint-Clair!
KENTUCKY, prenant la lumière des mains de Marie.
Si c'était!...
ÉLISA, qui l'a suivi.
Ah! mon père!
MARIE ET RACHEL.
Son père!
KENTUCKY, vivement.
Chut, souvenez-vous du paquebot, soyez prudente... venez.
ÉLISA.
Vous voulez que je parte sans qu'il m'ait vue?! Il pleure sa fille morte et vous ne voulez pas que je lui dise: Console-toi ta fille existe.
KENTUCKY.
On lui apprendra tout, mais quand vous serez en sûreté. Puisqu'il est libre il pourra venir vous rejoindre.

ÉLISA.

r! je ne partirai pas sans l'avoir embrassée du moins...
surez-vous... je ne l'éveillerai pas... (*Se mettant à genoux et
nt ses mains.*) Mon bon père, pour ne pas mentir à Dieu,
ta conscience... tu m'as perdue... Oh! mais je te pardonne
aime, je te bénis mon père.

TOM, *comme agité par un rêve.*

isa... ma fille... je l'ai tuée!

ÉLISA.

ous l'entendez... il me pleure... il s'accuse... de ma mort.
dût-il me perdre encore. (*Elle fait un mouvement qui ré-
Tom. Celui-ci aperçoit, dans une demi-obscurité, sa fille
nouv devant lui.*)

TOM.

on Dieu, vous avez eu pitié: vous m'envoyez un doux
... Oh! ne l'efface pas chère et cruelle image... Non...
reste devant mes yeux... sous ma main. (*Il avance la
et touche Elisa, à part.*) Ah! ce n'est pas un rêve... un
ôme c'est Elisa... c'est ma fille... ma fille vivante!... vite!...

ÉLISA.

ui, mon père, un miracle m'a sauvée.

KENTUCKY.

ngez qu'Elisa vivante appartient à Locer.

ÉLISA.

celui qui m'a pris mon fils.

TOM.

on fils! ton fils!... que par moi tu as perdu... mais que
moi tu vas retrouver...

ÉLISA.

stice du ciel!... qu'est-ce que vous avez dit, mon père?

TOM.

dis que le bon ange qui m'a fait libre, m'a fait aussi pres-
riche, et m'a dit en me donnant tout son trésor de jeune
: Va, pauvre Tom, cherche ton petit Henri; si tu re-
ves sa trace, voilà de quoi le racheter, apprends-lui mon
pour que lui aussi prie pour Evangeline... Alors j'ai juré
onsacrer les jours qui me restaient à chercher notre Henri.
ges, ton mari, s'était donné la même tâche, mais il a été
s heureux que moi... le Seigneur m'a guidé... la trace
je cherchais, je l'ai trouvée.

ÉLISA.

l vous allez me rendre folle.

TOM.

i su que l'homme qui t'avait enlevé ton fils ne l'avait pas
du à M. Halley, j'ai su que ce matin sur la grande place,
ettait en vente notre cher petit... J'ai de l'or... des billets,
onnerai tout...., tout...... je me vendrai moi-même à cet
me, mais au prix de mon or, au prix de ma liberté, au prix
na vie, Elisa, je te rendrai ton enfant.

ÉLISA.

on fils est à Louisville, avez-vous dit?

TOM.

i... tout à l'heure, au bas de cette fenêtre, le marché va
vrir; le marché aux esclaves, et j'achèterai notre petit
i; entends-tu ma fille, je l'achèterai!

ÉLISA.

enri... là! près de moi!... (*Bruit de cloche au dehors.*)

KENTUCKI.

e bruit!...

TOM.

s enchères devaient commencer aux premiers rayons du
, et voilà le jour...

ÉLISA.

h bien... partons!

KENTUCKI.

ù voulez-vous aller?

ÉLISA.

us me le demandez!... je vais là... là où est mon fils...

KENTUCKI.

ngez donc que Marks, qui tient votre fils en son pouvoir,
associé de Locker... que Locker peut être avec lui; s'il
voit, il vous reconnaîtra, vous dénoncera, fera valoir ses
s. L'acte qui constate votre mort, ne sera plus qu'un faux,
i signé cet acte!

ÉLISA.

l pardon, pardon! dans ma joie, dans mon bonheur...
s tout oublié.

TOM.

cette fenêtre, tu pourras tout voir, tout entendre, voilà le
d coup de cloche, il faut que je sois là quand sonnera
oisième.

KENTUCKI.

Soyez prudente, Elisa, j'accompagnerai votre père; suivez-
moi bien du regard: aussitôt que l'enfant nous sera adjugé,
j'agiterai mon mouchoir.

TOM.

Courage! espoir! tes épreuves vont finir, je te ramènerai
ton enfant. (*Ils sortent.*)

SCÈNE VI.

ELISA, RACHEL.

ÉLISA.

Ah! Madame, quoi que je doive au capitaine Kentucki; je
fais plus pour lui qu'il n'a fait pour moi: s'il ne s'agissait que
de ma vie, je serais déjà sur cette place.

RACHEL.

Attendez, je vais ouvrir la fenêtre. (*Elle l'ouvre.*) Que de
monde déjà!

ÉLISA, *qui regarde.*

Voilà mon père... il a peine à parvenir jusqu'au pied de l'es-
trade.

(*Troisième coup de cloche, murmures.*)

RACHEL.

Les enchères vont commencer.

ÉLISA.

Ah!

RACHEL.

Qu'avez-vous?

ÉLISA.

Tenez, voyez-vous, Madame? cet enfant qu'on amène... qu'on
place sur ces infâmes tréteaux... c'est lui! c'est mon fils!

RACHEL.

Ne vous montrez pas!

ÉLISA.

Comme on l'entoure, comme on le presse... il a crié, je crois...
Ah! je respire... mon père est auprès de lui... il lui parle bas,
il lui indique cette fenêtre... Oui! le pauvre petit tourne les
yeux de ce côté... On lui a dit que j'étais là... oui! c'est moi...
moi... ta mère emprisonnée! enchaînée par la crainte de te
perdre... oh! mon enfant, mon enfant bien-aimé... (*Elle lui
envoie des baisers.*)

(*Murmures.*)

RACHEL.

Imprudente! (*Elle l'éloigne de la fenêtre.*) Écoutez, écoutez.

LA VOIX DU COMMISSAIRE PRISEUR. (*Au dehors.*)

A 400 dollars l'enfant.

ÉLISA.

C'est lui... lui qu'on va vendre.

RACHEL.

Silence!

UNE VOIX.

450.

LA VOIX DE TOM.

500.

ÉLISA.

Ah! c'est la voix de mon père.

L'INCONNU.

550.

TOM.

600.

L'INCONNU.

700.

TOM.

750.

(*Moment de silence.*)

ÉLISA.

Mon père l'emporte, n'est-ce pas?

RACHEL.

Il ne reste plus qu'un concurrent, tous les autres se sont
retirés.

ÉLISA.

Mais celui-là, s'est tu comme les autres.

L'INCONNU.

800.

RACHEL.

Il relève l'enchère.

TOM.

900.

ÉLISA.

Eh bien?

RACHEL.

L'étranger semble hésiter... je crois qu'il renonce.

ÉLISA.
Mon père m'a tenu parole, mon fils est à nous.

L'INCONNU.
1000.

RACHEL.
Encore cet homme !

ÉLISA.
Mon père mettra le double, le triple... Écoutez ! écoutez !
(Silence.)

RACHEL.
Non, rien ! plus rien !...

LA VOIX DU COMMISSAIRE.
Adjugé l'enfant Henri à 1000 dollars.

RACHEL.
Tout est fini.

ÉLISA, avec égarement.
Adjugé à nous... à nous, n'est-ce pas ?

SCÈNE VII.

LES MÊMES, KENTUCKI, puis GEORGES, TOM et HENRI.

KENTUCKI.
Non, à un autre.

ÉLISA.
A un autre ?

KENTUCKI.
Qui se tenait silencieusement à l'écart, à un autre qui aime cet enfant autant que vous l'aimez vous-même, à un autre enfin...

GEORGES, paraissant.
Qui est son père...

ÉLISA.
Georges !

GEORGES.
Oui, Georges qui avait fait vœu de retrouver, de racheter Henri.

TOM, l'interrompant.
Et qui, sans le savoir, luttait contre moi !

GEORGES, embrassant sa femme et son fils.
Elisa !... Henri !... oh ! ce moment me paie de tout ce que j'ai souffert !

ÉLISA.
Oh ! mais, c'est trop de joie ! et j'allais accuser la Providence ! Mon père... mon mari... mon fils... tout ce que j'aime au monde ! Ah ! mon Dieu !... mon Dieu !... que suis heureuse !...

SCÈNE VIII.

LES MÊMES, TOPSY.

TOPSY, accourant du dehors.
Prenez garde !

TOM.
Qu'y a-t-il ?

TOPSY.
Le méchant maître sait tout... partez ! partez vite !

GEORGES.
Que veut-elle dire ?

KENTUCKI.
De qui parlez-vous ?

TOPSY.
Le méchant maître, c'est Locker...

GEORGES.
Locker !...

KENTUCKI.
Eh bien !... Locker ?...

TOPSY.
Il a tout appris...

KENTUCKI.
Comment ?

TOPSY.
A la taverne... par un matelot...

KENTUCKI.
Samuel ! le malheureux !!!

TOPSY.
Partez !... partez vite !... ils vont venir !

KENTUCKI.
Ils savent donc ?

TOPSY.
Qu'Elisa n'est pas morte... et qu'elle était avec vous...

TOM.
Oh ! Georges, tu sauveras ma fille !

KENTUCKI.
Gagnez vite la barque que j'avais préparé.

TOPSY.
Elle est prise !...

KENTUCKI.
Damnation... nous sommes perdus alors !

GEORGES.
Non pas... votre barque est prise, mais celle qui m'a amené est encore dans la petite anse... cette barque peut nous contenir tous.

KENTUCKI.
Pour vous donner le temps de gagner le rivage, je reste ; j'ai d'ailleurs un vieux compte à régler avec Locker... Comment pourrez-vous m'instruire du moment où vous lèverez l'ancre ?..... Ah ! prenez ce pistolet, il est chargé... d'ici j'entendrai la détonation. Ce sera pour moi le signal de votre départ, de votre salut à tous.

ÉLISA.
Hâtons-nous.

KENTUCKI.
N'oubliez pas le signal, je le retiendrai jusque-là. (Ils sortent par la droite, Kentucki à la porte.) Partez, mes amis et que Dieu vous conduise... A présent, maître Locker, à nous deux.

SCÈNE IX.

KENTUCKI, LOCKER, TOPSY.

(Topsy, voyant entrer Locker, va se cacher sous la table à gauche.)

LOCKER, entrant vivement.
Par où sont-ils passés ? Par là ?

KENTUCKI l'arrêtant au passage.
Un instant, M. Locker !!

LOCKER.
Encore ce damné de capitaine ! Nous nous reverrons, monsieur... mais en ce moment...

KENTUCKI.
Pardon, en ce moment j'ai à causer avec vous... Causons donc, s'il vous plaît. (Il s'assied devant la porte.)

LOCKER.
Il ne me plaît pas à moi. (A part.) Elle était ici tout à l'heure.

KENTUCKI.
Ah ! voyez comme cela s'arrange mal. J'avais pris toutes mes mesures pour vous expédier pour l'autre monde, et vous voudriez différer l'exécution de ce charmant projet, oh ! c'est mal en vérité, c'est très-mal !

LOCKER.
Monsieur, vous ne perdrez rien pour attendre, mais vous allez d'abord me laisser passer, ou sinon...

KENTUCKI, se levant.
Ou sinon ?

LOCKER, tirant un poignard.
Je vous y forcerai, mille diables.

KENTUCKI.
Vous me forcerez à vous casser la tête, mille diables ; mais avant, comme je vous ai déjà provoqué deux fois, et que deux fois vous avez ajourné notre rencontre, j'ai le droit de vous dire ce que je vous dis ! Locker, vous êtes un lâche !

LOCKER.
Eh bien, tu ne le diras plus ! tire ton poignard et finissons.

KENTUCKI.
Allons donc. (Combat. Locker est désarmé, il tombe à terre, en ce moment on entend au loin un coup de feu.)

KENTUCKI.
Le signal ! il était temps. Locker, tu es à ma discrétion, je pourrais te tuer, mais j'aime mieux te dire, là, entre nous deux, que la victime est sauvée, qu'elle part avec son mari et son enfant. Maintenant je te fais grâce ; car j'espère bien que tu vas mourrir de colère et de rage, d'ailleurs ce n'est pas avec le fer, c'est avec la corde et par la main du bourreau, que des hommes tels que toi doivent finir. (Très-poliment.) Adieu M. Locker (Il sort.) (!).

SCÈNE X.

LOCKER, puis MARKS.

LOCKER.
Insulté, vaincu ! — Oh ! j'assassinerai cet homme !

MARKS, entrant vivement.
Tu le confondras, ce qui vaut mieux.

LOCKER.
Que dis-tu ?

MARKS.

Je te dis que les fugitifs ont pris le chemin qui conduit à la rivière... j'en connais un plus court. — On peut encore les atteindre.

LOCKER.

Oh ! ce ne sont plus des larmes qu'il me faut, c'est du sang. Viens, Marks, viens ! (*Ils sortent par le fond, et Topsy, qui s'était cachée, court derrière eux.*)
(*Changement à vue.*)
(*Nuit tout le temps du Tableau suivant.*)

HUITIÈME TABLEAU.

Les Rapides.

Le théâtre représente le panorama des rives de l'Ohio, la barque dans laquelle est Georges, Elisa, Tom et Henri, ne bouge pas de place, mais le panorama, mis en mouvement au changement, découvre de nouveaux sites jusqu'au moment où apparaissent les rapides.

SCÈNE PREMIÈRE.

GEORGES, TOM, ÉLISA, HENRI.

GEORGES, *au gouvernail.*

Adieu, terre d'esclavage, adieu, patrie marâtre, malédiction sur toi !

ÉLISA.

Adieu, vous que j'ai trouvés secourables et généreux... adieu, soyez bénis !

TOM, *ramant.*

Le capitaine Kentucki nous a tenu parole... Nous n'avons pas été suivis... Heureusement, car cette barque est lourdement chargée et se gouverne mal.

GEORGES.

Ne craignez rien, mon père, la brise accélérera notre marche ; toi, femme, et toi, mon cher enfant, reposez sans crainte... nous veillons, nous..... Dormez..... Vous vous réveillerez libres...

TOM.

Je te répète, Georges, que la barque est trop chargée.

GEORGES.

Vous avez raison, père... Nous pouvons jeter notre lest, ces provisions nous sont inutiles... puisque, dans quelques heures, nous toucherons au port.

TOM.

Hâte-toi, Georges, hâte-toi... Puis, prenons les rames, on nous poursuit !

GEORGES.

Vous vous trompez, mon père... Il y a bien là-bas une barque... mais sur cette barque... on ne voit personne qu'un enfant... je crois...

TOM.

Cette enfant, c'est Topsy.

GEORGES.

Topsy !...

TOM.

Qui appartient à Locker... Hâtons-nous, te dis-je, la barque de Locker est meilleure marcheuse que la nôtre... Elle nous gagne, elle est déjà à portée de la voix.

LA VOIX DE LOCKER, *au loin.*

Ohé !... de la barque... Ohé !

ÉLISA *s'éveillant.*

Locker... Locker...

TOM.

C'était bien lui.

GEORGES.

Toujours cet homme !

LA VOIX DE LOCKER.

Mettez en panne... ou gare à ma carabine. (*Un coup de feu part.*)

GEORGES.

A la rame... père... à la rame... (*Un second coup de feu.*)

ÉLISA, *jette un cri.*

Ah !... vous êtes blessé, père ?

TOM.

L'enfant n'a pas été touché, c'est bien.

LA VOIX DE LOCKER.

Vous rendez-vous, maintenant ?... Si vous tardez, c'est à l'enfant que je viserai.

ÉLISA, *couvrant son fils de son corps.*

Oh ! Georges... Georges... plutôt nous livrer tous...

GEORGES.

Jamais. (*Il appuie sur le gouvernail*).

TOM.

Pourquoi changes-tu la direction de la barque... Où nous conduis-tu ?

GEORGES.

Dans les rapides. (*Ici les Rapides apparaissent, on distingue au loin la grande chute du fleuve.*)

TOM.

Les rapides !

GEORGES.

Voyez-vous là-bas... cette vapeur qui s'élève, entendez-vous ce bruit sourd et terrible ?... C'est la grande chute du fleuve... les rapides nous y conduisent... et Locker n'osera pas nous y suivre.

TOM.

C'est à l'abîme, c'est à la mort qu'il nous mène...

GEORGES.

Oui, à la mort ou à la liberté.
(*La barque entre dans les rapides et disparaît comme si elle était emportée par un courant irrésistible*).

SCÈNE II.

LOCKER, MARKS, TOPSY, *entraînés à leur tour sur leur barque.*

MARKS.

Retourne... retourne, Locker... Nous sommes perdus, si nous entrons dans les rapides.

LOCKER.

Les laisser échapper...

MARKS.

Les laisser mourir, tu veux dire !

TOPSY *au gouvernail.*

La mort est donc là ?

MARKS.

Oui, vraiment, au gouvernail, Locker, au gouvernail.

TOPSY, *qui a coupé le gouvernail.*

Hi !... hi !... il n'y est plus !

LOCKER.

Malheureuse, qu'as-tu fait ?

TOPSY, *saisit une hache et frappe Locker.*

Je puis mourir à présent j'ai vengé ma mère. (*La barque disparaît dans l'abîme*).

NEUVIÈME TABLEAU.

Terre libre.

Une forêt du Canada, traversée par le fleuve.

SCÈNE Ire.

GEORGES, ÉLISA.

GEORGES, *ramenant Elisa au rivage.*

Sauvés... Elisa... sauvés !

ÉLISA.

Et mon père, et Henri ?

GEORGES.

Les voilà... les voilà !... Attendez, père... n'épuisez pas vos forces... je vais à vous...

SCÈNE II.

LES MÊMES, TOM, HENRI.

TOM.

Élisa... ma fille... je t'avais promis de te rendre ton enfant... le voilà ! le voilà !

ÉLISA.

Mon père !... mais où sommes-nous ?

GEORGES.

Sur le sol du Canada ! terre promise, terre libre !

(*Ils s'agenouillent tous les quatre*). — *Tableau.*

FIN.

www.ingramcontent.com/pod-product-compliance
Lightning Source LLC
Chambersburg PA
CBHW061525040426
42450CB00008B/1796